零阻力
Zero-Resistance Group

排除生命的各種阻力．活出 100% 的精彩人生

零阻力
Zero-Resistance Group

排除生命的各種阻力‧活出 100% 的精彩人生

零阻力
Zero-Resistance Group

排除生命的各種阻力‧活出 100% 的精彩人生

零阻力
Zero-Resistance Group

排除生命的各種阻力·活出 100% 的精彩人生

這本書獻給看顧一切的「阿公」、不斷提醒我要繼續分享釋放法的娘親與妻子、以及剛來地球探險的我兒恂睿。

你準備好要放開你的「煞車」了嗎？

身為一個連續創業家，很多純身心靈界的朋友一直覺得，我在他們之間，是一個很特別的存在。我們幾乎都讀一樣的書，做一樣的練習，但在「顯化」這一方面，我一直都有著令大家驚訝的成績。

二〇〇九年，我和許多朋友一起接觸「吸引力法則」，我們會一起聚會聊天，討論自己的做法和分享吸引到任何一點小事的成果。現在，當這些朋友們大部分還在繼續地努力吸引「年收入一百萬」之類的小小夢想時，幾年內，我已經成功第二次從零開始，創立了價值數十億的公司。

我覺得最主要的原因是，我的內在能量有一些特質和其他人完全不一樣。之前，我很難明確地說明不一樣的地方究竟在哪裡，但在讀完這本書之後，我突然發現，「瑟多納釋放法」不是我平常就已經在做的事嗎？

我的大部分情緒和念頭是中性的，當然這是相對於一般人而言，不是相對於身心靈或宗教的大師而言。即使一個專案賺進上億元，我也不會覺得特別「興奮」，情緒就只是比水平線高一點，相反地，即使一個專案進展地不順利，我也不會覺得非常「挫折」，情緒就只是比水平線低一點。

因為我的身體已經習慣處於這樣中性的狀態，任何「情緒」或「感受」在產生之後的五分鐘內，我就會有讓它馬上消失的衝動，因為我並不習慣有「情緒」或「感受」儲存在體內的狀態，不論那個「情緒」或「感受」是正面或是負面的。如果因為某些生活事件，使我不小心產生了「情緒」或「感受」，那麼我一定會優先「處理」掉它，好讓自己的身體感覺舒服一點。（看完這本書後，我以後會改稱為「釋放」掉它。）

過去，「憤怒」的情緒一直是我的罩門，尤其是在對方違背道德、侵害我的權益的時候，我就會無法「釋放」掉憤怒的情緒。但是自從學習

與完全相信「因果」之後，這兩年，我已經可以逐漸駕馭「憤怒」。我會對自己念這段「憤怒」的「釋放句」：「我相信，他透過欺騙、攻擊或者不道德的手段從我這邊拿走的利益，都會以七倍還給我，因為因果法則是宇宙的定律，絕對沒有任何例外。」

　　一開始很困難，我會對自己重覆說這句話上百次，觀想那個人或那件事，直到自己打從心裡相信為止。後來，在幾次神奇的經歷中，當我這樣「釋放」完之後，接下來總會意外賺到大約我所受的損失乘以七的數字金額。現在這已經成為我深信不移的信念，讓我可以在默念提醒自己幾次之後，就全心相信這件事，並且同時完整地「釋放」掉我的「憤怒」情緒。

　　除了「憤怒」之外，我還有許多應對不同情緒的「釋放句」，例如，對於「挫折」的情緒，我的「釋放句」是：「五年之後，你還會覺得這件事很重要嗎？」；對於「擔憂」的情緒，我的「釋放句」是：「你所擔心的事99%都不會發生，如果真的會發生，擔心也沒用。」

　　和一般初嘗試吸引力法則的人不同，我使用「釋放句」的頻率永遠大於「肯定句」，因為「情緒」和「感受」的存在違反了我的身體本能。可能就是因為這個良好的習慣，我的「煞車」一直沒有被踩住，所以一接觸到吸引力法則，將「油門」用力一踩的同時，車子就能馬上加速到極速。而一般人學習吸引力法則，就像在「手煞車」拉住的狀況下狂踩油門，卻一直抱怨車子開不動或者開得很慢，其實，原本就不是車子的問題。所以，你準備好要開始閱讀並且實踐這本書，放開你的「煞車」了嗎？

　　我相信，每個人創造的速度都像一台法拉利，只要「釋放」掉所有的「情緒」和「感受」，鬆開「煞車」，你在物質世界的「顯化」速度，一定也會轉變為讓你驚訝的「快速」、「大量」、「精準」！！

伊凡達科技股份有限公司 董事共同創辦人　蕭伊婷

醒來吧，做你想做的事情，去你想去的地方

　　很多人認為我人生運氣好，我只能說真的是這樣，不過這個運氣不是來自於「外在」，而是來自於「內在」。

　　很多人知道我會「漂浮」，大部分會認為「漂浮」是一種魔術或者是什麼靈異事件。但是簡單解釋「漂浮」，它其實就是一種「釋放法」，而它釋放的是人生各個無形障礙。

　　它是透過一個黑暗、無聲、無感的死海個人空間設備，來隔離所有外在的干擾，讓自己好好地陪伴自己。從身體累積的緊繃、腦子裡轉不停的思想，到心裡壓抑著的情緒，它能不知不覺地使之一個一個淨空，讓人回歸到自由自在的狀態。

　　除了我自己的例子，我也見證了許多由負面轉成正面的社會成功人士，我個人透過「漂浮」也幫助了十個朋友的生活逆轉向上。

　　這樣的轉運其實很單純，只要自己不打壓自己，自己就可以往前經營自己，所以運勢能向上走。

　　可惜的是，並不是每個人都可以這麼容易地就接觸到「漂浮」，好在也有別的方法可以達成同樣的效果，這就是瑟多納釋放法（Sedona）。瑟多納釋放法透過一個內在規劃的系統，使你找到方法刪除過期的認知，釋放情緒累積的創傷，以及打破自己打壓自己的無形障礙，人生一樣能大逆轉。

　　只要找到方法來認知自己的困境，就能獲得清晰的思維，進而分解困境，解開內在的枷鎖，讓呼吸回歸到自由的滋味，而不是負擔。

　　每個人都有夢想，但並不是每個人都有勇氣去執行，就是因為我們腦海中有太多否定的聲音，無論是來自父母，情人，朋友，過去的老師等等。他們說：「反正不會成功，為什麼要做？」這些過去的認知容易成為我們什麼都不做的藉口。就像在臺灣，不學醫七年，不能當醫生，如果你想當醫生，就不能讓這類的否定聲音耽誤你七年的功課。

　　因為你想要成為英雄，你要救命，就不能讓世界決定你的命運，你要從自己的命開始救起，學會釋放不必要的無形障礙，開始活出自己的路。

　　生命很珍貴，別當一輩子的殭屍，在半夢半醒中睡一輩子。

　　醒來吧，做你想做的事情，去你想去的地方。

　　如果漂浮是「自排車」，瑟多納釋放法就是「手排車」，只要你學會換擋，你一樣可以開到你的目的地。

　　祝福大家路途愉快。

漂浮殿堂創辦人／藝人 班傑 Benji

見山是山、見山不是山、見山又是山

　　我倒在沙發上，眼淚不自主地一直流，胸口一股沈重的壓力揮之不去，滿腦子只有這麼一句話：

　　「我扛不起來……」

　　我太太似乎被我嚇到了。不是才結束蠻成功的二日工作坊，剛才和學員們還很開心地合照留念、歡送他們離開嗎？怎麼現在倒在那邊哭？

　　她問：「你怎麼了？」

　　我說不出話，只能搖搖頭，等待眼淚流完，情緒過去。

　　我不是一個所謂敏感體質的人，什麼能量啊、業力啊……我都是個「麻瓜」，通常什麼都感覺不到；然而在那時，我很明確地感覺到有一股沈重的能量籠罩著我，我知道那不是我的東西，而那股能量的密度之高，也超過當時的我能夠負荷與釋放的程度。

　　我心裡想：「原來之前聽到的，地藏王菩薩那個『地獄不空誓不成佛，眾生度盡方證菩提』的願，得要付出的是像這樣的代價啊……」

　　「那我沒那麼大的願，還是不要好了。」這是我的結論。

　　所以，我做了個決定──不要再舉辦「釋放法」的工作坊，也不再談這方面的主題。

　　在那之後，我就將重心放在我的另一個專業──銷售文案與網路行銷上頭，並且代理了國外大師的培訓系統。雖然三不五時還是會想到是不是該繼續推廣「釋放法」，但只要一想到那天倒在沙發上的經歷，我的結論總是：

　　「像這種事情，還是讓願力比較大的人去作吧。」

　　就這麼過了好多年，我逐漸習慣了不談「釋放法」的生活，但有一個人卻是念茲在茲，一直希望我能繼續傳講「釋放法」。

　　那個人就是我娘。

　　事實上，在我第二次舉辦「釋放法」工作坊的時候，我娘也是台下的學員之一。那時我回家，跟她提到某個週末我要在三芝的一個民宿開兩天的課，目前已經收到四十幾個學員等等的事，結果我娘居然問：

　　「那我可以去參加嗎？」

　　我常開玩笑地說，她要參加，應該不是對「釋放法」真的有興趣，而只是想知道她兒子平常到底在幹嘛，有沒有在作奸犯科還是誤人子弟之類的……

　　總之，我後來就幫她安排了房間，而她也真的全程參加了兩天的工作坊。

　　在我停止舉辦「釋放法」工作坊的這幾年之間，我那修佛幾十年的娘親三不五時就會跟我說：

　　「我覺得你還是應該繼續傳釋放法……」

　　「那是你們零阻力公司的根，不能忘本……」

　　「你在釋放法裡講的，就跟金剛經裡講的道理一樣，金剛經大家看不懂，而且不知道怎麼做到，你的釋放法有方法可以用……」

　　「這個方法可以幫助很多人……」

　　當她每次開始說這些話時，我太太就會在旁邊猛點頭，而我，則會啟動「左耳進右耳出」模式，心裡浮現的是我那一個「沙發體驗」，並嘀咕著：

　　「說得簡單，倒在沙發上覺得自己扛不住的人是我，又不是你……」

　　我還是沒有勇氣再去面對那種可能的能量影響——即便我知道她說的都是對的。

　　直到二○一五年年初，我父親過世，這個狀況才有了改變。

　　在處理喪事與陪伴娘親的過程，我們又多了很多聊天的機會，而話題三不五時就又轉到了「釋放法」……

　　「我覺得你還是應該繼續傳釋放法……」、「那是你們零阻力公司的根，不能忘本……」、「你在釋放法裡講的就跟金剛經裡講的道理一樣，金剛經大家看不懂，而且不知道怎麼做到，你的釋放法有方法可以用

……」、「這個方法可以幫助很多人……」

就像音檔在重播一樣。

不過奇怪的是，這次我的感覺有點不一樣，不再像之前那麼抗拒……但我還是沒有任何行動。

說到這裡，不知道在你過去的人生經驗當中，是不是曾發現過一件事？那就是「我們人啊，往往就是要在到了谷底的時候，才會願意轉向？」

很多時候，即使有一堆有形無形的訊息出現在你身邊，全都在告訴你接下來該往哪個方向走，你卻視而不見、充耳不聞，硬要等到「不得不」的時候，才要調整？

在我父親過世前後的那幾個月，我的生活大概只能用「諸事不順」來形容：身體狀況不是很好，每天總是這裡酸、那裡痛，又找不到原因；事業上的所有計畫沒有一個是順利的，必須一直救火，想著接下來該怎麼辦；情緒上一直處在低檔，胸口上永遠有個沉沉的壓力，不管用什麼方式就是開心不起來……

累積久了，有一個非常不理性的結論開始浮現：

「有人在弄我。」

嗯……應該不能說有「人」，是隱約之中我感覺到有個無形的力量在那邊，試圖告訴我些什麼。

也許看我一直沒理會，「祂」只好下了殺手鐧。

一天早上，我趕著要出門到辦公室，從桌上一把抓起我的筆電套……

「喀！」

我的 MacBook Pro 從我前一晚沒有拉緊的拉鍊口滑了出來，摔到地上，凹了一塊。

「啊～～夠了沒啊！！」

我當時大吼那一聲，大概我家整棟透天厝都聽得見。

說實在地，現在回頭去看，也不過就是電腦摔到地上而已，是自己不小心，有什麼大不了的。

但是對我來說，那是壓垮駱駝的最後一根稻草。

　　而這最後一根稻草，似乎也「喀」地一聲，解開了我腦袋與心裡某個卡住的環節。

　　一些事情因而開始發生，透過第一手的真實體驗，讓過去只是「相信並認同」，但其實並不真的「知道」的很多事物，不再只是一種清談玄學。

　　我會在後續適當的章節段落中，與你分享這期間發生了哪些事情、而我們又能從中得到什麼樣的體悟。不過總結來說，那段期間所發生的一切，導向了一個結果，那就是——

　　我決定再度開始傳遞與推廣「釋放法」。

　　在跟「祂」（或者該說「我」）的協議之下，我辦了長達十二週的「釋放法」隨喜課程，前後有超過百人次參加，在當中也產生了形形色色的「釋放法」見證。

　　而你手上的這本書，也是這個推廣計畫的一部分。

　　這是我在二〇一〇年的著作《零阻力的黃金人生》的升級改版，除了對「釋放法」的初、中、高階操作方式說明仍然保留之外，我也額外補充了在前版書中沒有列入的好用「釋放法」工具、我在這五年來對「釋放法」的新領悟、「釋放法」學員的常見問題與解答……等內容。

　　在上述的那段經歷之後，我不只相信，而是「知道」你會拿起這本書，不會只是個偶然。

　　為了回應你心裡的想望，「祂」引導你，讓你在滿滿的書架、或者選擇繁多的網路書店頁面上，仍然會注意到這本書。

　　不管你現在心裡有什麼「煞車」存在，我相信「釋放法」都絕對可以幫助你放掉它，讓你的人生不管是身、心、靈等任何領域，都能加速前進。

　　現在就把握機會吧！

　　別像我一樣，一定要等到「祂」下最後通牒，給你那「最後一根稻草」時，才肯轉向喔！

目錄 CONTENTS

Part 1 你準備好了嗎？

Part 2 零阻力，人生一路暢通

Contents 目錄

Contents 目錄

在本書裡，

你可能會讀到一些你一時看不懂、無法認同或沒有共鳴，

甚至是會衝擊到你過去的想法與信念的資訊。

但是，別因為這樣就直覺地否定；

拿出科學家精神，去實驗看看，

用你的親身經歷去驗證這些東西是真是假。

SEDONA
METHOD

Part 1

你準備好了嗎？

不要相信，也不要不相信

學生準備好了，老師就會出現

不要相信，也不要不相信

> 如果想看到「真我」，你就得讓心智安靜到一個程度。在心智持續不斷地被潛意識中成千上萬的思想刺激的狀況下，實在很難看到你的「真我」。
>
> ——萊斯特·雷文森

在我的任何演講或課程開場時，我一定會先提醒學員一個觀念，那就是：「不要相信，也不要不相信我所說的任何東西，用你的親身經歷去確認。」

提醒聽眾「不要相信」，是因為人們通常有一個迷思，那就是：「能站在台上的人講的話通常是對的」、「能上電視的人講的話應該是對的」、「報紙雜誌上刊登的文章應該是對的」、「能被印在書裡的資訊通常是對的」……當這種「毛病」發作時，常常使人在沒有經過檢驗的狀態下，就對所有接收到的資訊照單全收。

萊斯特·雷文森提醒：「不要聽什麼就信什麼，每個人都必須幫自己證實一切。」、「你不該相信我們說的任何東西，而是要透過讓你自己擁有更大的財富、覺得更快樂、變得更健康，來證明這些東西是真是假。」

多麼深刻的提醒。

所以，我也要做同樣的提醒：千萬不要因為在書店裡看到這本書、因為有哪一個你信任的人介紹你這本書、因為這本書裡談的東西很有道理，就照單全收。

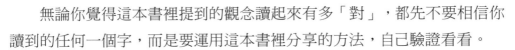

　　無論你覺得這本書裡提到的觀念讀起來有多「對」，都先不要相信你讀到的任何一個字，而是要運用這本書裡分享的方法，自己驗證看看。

　　至於為什麼提醒聽眾「不要不相信」，是因為人從出生至今，已經被自己或他人透過各種管道灌輸了許多既定程式，當聽到與這些既定程式不符的資訊時，第一個反應通常就是抗拒、排斥、認為「不是那樣子」，然後在同樣未經檢驗的狀態下就做出了不接受或不相信的決定。

　　這麼說吧，假設你是牛頓，當你心裡浮現「萬有引力」的理論時，你會立刻就辦一場發表會，把你的理論公諸於世嗎？不會吧？你會先到實驗室去設計一些實驗，透過實驗結果來驗證你的理論；如果你的實驗結果和你原本的推論背道而馳，你還會繼續堅持事情一定是你想的那樣嗎？還是會依據實驗結果修正自己的理論？

　　同樣地，在本書裡，你可能會讀到一些你一時看不懂、無法認同或沒有共鳴，甚至是會衝擊到你過去的想法與信念的資訊。但是，別因為這樣就直覺地否定；拿出科學家精神，去實驗看看，用你的親身經歷去驗證這些東西是真是假。

　　要記得：只有你親身經歷體驗過的事，才算是你真正「知道」的事。

學生準備好了，老師就會出現

在一次演講的開場時，我拿出一張停車繳費單給現場一位聽眾看，並要他唸出上面的數字。

「三十元」他說。

我問現場的聽眾：「這數字不多吧？」

「可是在我狀況最差的時候，連這種區區三十元的繳費單，我都會拖到最後一天才繳⋯⋯」

「不，我當時並不是連三十元都繳不出來，只是我當時內在的缺乏感強烈到讓我連口袋裡再少區區三十元，都不願意。」

這就是我開始接觸並認真運用「吸引力法則」之前的狀態：我的事業發展每況愈下，我的收入不穩定且日漸減少。我嘗試過各種方式，試圖扭轉局勢，我學習各種「成功學」、學習網路行銷、直效行銷、文案寫作，我試著運用所學，希望能起死回生或者找到另一條出路，但是⋯⋯一次次的嘗試，帶來的總是一次次的失望。

就在那時，透過《祕密》這部影片，我接觸到「吸引力法則」，我從影片中看到的是：「專注在你想要的，不要想你不想要的；想辦法讓你的內在產生願望實現時的美好感受；然後在機會、靈感來臨時勇敢採取行動。」

當時，我對自己許下一個承諾：「接下來至少半年的時間，我要完全照著這個方法試試看，就算要放棄或者改用其他方法，那都是半年後的事。」

就這樣，我開始每天早晚都會撥出至少三十分鐘的時間，放上音樂，閉上眼睛，開始想像我要的收入與我理想的生活。

過了大約三十天左右，「吸引力法則」的作用開始浮現，啟動了一連串的神奇事件（其中包括我翻譯的《失落的致富經典》的出版）。就這樣，我逐步脫離那段人生的黑暗期，人生的各個面向都開始改善——特別是物質財富部分。

在這之後，我開始開課分享運用「吸引力法則」過程中的心得、體會與各種我自己驗證過、確認有效的方法，也製作提供《財富金鑰系統》等課程——每一項都為我帶來豐足的收入，讓我的生活開始朝完全不同的方向扭轉。

隨著收入的改善，一些過去想擁有卻無法擁有的東西都開始一一入手——原本可說家徒四壁的破舊住處，開始被家庭劇院、音響、遊樂器、新電腦等各種設備填滿……

就在這個時候，我發現一件奇怪的事：

在我還沒有能力擁有那些東西時，我覺得好痛苦，認為只要能有更多錢、只要能擁有自己想要的東西，一定會感覺非常好……然而，真實的情況是，當我想要的東西一項一項進入我的生活當中，我卻總是覺得「還好」而已。

我買到一個想要的東西，當下會感覺很開心，但是過了三天、一星期之後，我總會想：「再來呢？我還想要什麼？」

有一次，當我問自己「再來呢？」的時候，我發現自己沒有答案，在那當下我沒有再想要什麼。照理說，「沒有想要什麼」應該表示我想要的東西都有了，理論上我應該心滿意足才對，但奇怪的是，我並沒有心滿意足的感覺，反而慌張。

「怎麼會這樣？」我想。

有句話說：「**學生準備好了，老師就會出現。**」我不知道當時的我算不算準備好了，但是那位「老師」真的就這麼出現了。

找不到快樂的成功人士

就在我帶著疑惑繼續過日子時，在因緣際會之下，我聽到一個人的有趣故事，這個人叫做萊斯特‧雷文森（Lester Levenson）。

萊斯特可說是一個完全符合社會定義的「成功人士」。

他非常聰明，從小念書考試總是輕鬆如意。讀完大學、取得物理學位之後，工作、經商都無往不利。他不缺錢、擁有「成功人士」該有的一切物質享受；他不缺友情，有很多死黨隨時願意為他兩肋插刀；他不缺親情，姊妹們時時關心他；他也不缺愛情，很多女性朋友只要他開口，就願意馬上嫁給他……

然而，他很清楚知道，自己非常、非常不快樂。

他是這麼說的：「**我的朋友們都對我說：『哇！你什麼都有耶！』但是，我卻覺得自己一無所有。**」

他對此感到非常困惑。因此，他開始運用自己求學時受過的科學訓練研究這個問題。他讀心理學、哲學、邏輯學，乃至於經濟學等所有人類世界能找到的知識，甚至直接求助於心理分析之父佛洛依德的同事，但對方最後對他的結論卻是：「有些人無法被幫助」。

他只能帶著不快樂繼續他的人生。

這樣的不快樂在他身上映照出各種疾病——潰瘍、結石等想得到的疾病應有盡有。到了一九五二年他四十二歲時，第二次冠狀動脈栓塞，由於當時還沒有氣球擴張術或血管支架的技術，因此在病況穩定之後，醫生告訴他：「你的狀況已經穩定，我們已經幫不了什麼了，所以得要讓你出院回家休養。」

醫生說，他無法再過正常人的生活，甚至連爬樓梯、綁鞋帶都要盡量避免——因為那都可能造成心臟負荷過重。

也就是說：他隨時都可能會再心臟病發，而下次病發時就會是生命結束的時刻。

「還有多久？」他問。

「可能一、兩年，也可能明天，我也沒辦法預測。」醫生回答說。

當他回到紐約的豪宅裡「等死」時，在絕望之下，他曾考慮使用先前醫生開給他減輕腎結石疼痛的嗎啡來自我了斷——這樣至少不必再經歷心臟病發的那種痛苦；不過他繼而又想：「無論如何，我現在還活著，只要還活著，也許就還有機會……」

最後，他下了個決心，要吞下嗎啡隨時都可以，但在那之前，他要先試著尋找關於人生的答案。

於是，他開始過與外界完全隔離的生活。為了把外在世界的干擾降到最低，他拔掉電話線、斷絕和親友的所有聯繫、暫停與家人的聚會，甚至會挑半夜三、四點紐約市區人煙最少的時候，出去買生活用品。

他開始問自己：「人生到底是所為何來？我長久以來到底在追求什麼？」

「只是想要一點點快樂，如此而已。」他這樣回答自己。

「如果是這樣的話，那快樂到底是什麼？人又要怎麼做才能找到快樂？」

一開始，他先翻開字典，查閱字典裡對「快樂」與「人生」的定義，但他發現字典裡的描述並沒有跳脫他瞭解的範疇；接著，他又開始把藏書翻出來，一本一本查閱，心理學、哲學、醫學、物理、工程……沒有一本書裡有他要找的答案。

他覺得非常挫折，他對自己說：「萊斯特，大家都說你很聰明，高中時品學兼優。甄試大學時，你也能在只有三個名額的考試中勝出，在大學時也表現突出……但是，其實你蠢、蠢、蠢到了極點！你連人生中最基本

的東西——如何才能真的快樂？——都不知道。」

後來，他開始想：「如果答案在這裡面的話，我應該老早就讀到過，如果這樣還是找不到答案的話，那是不是表示答案根本不在這裡？」他又想——如果答案不在「外面」的話，那會在哪裡？

他的結論是：如果答案不在外在世界，那麼也許就在內在世界。

所以，他開始不斷地問自己：「我是什麼？」、「這個世界是什麼？」、「我和這個世界的關係是什麼？」、「什麼是快樂？」、「人要怎麼做才能得到真正的快樂？」之類的問題。

短短三個月之後，他進入了所謂的「開悟」狀態，得到了各種非常特別的覺悟，並且得到完全的平靜與喜悅。

姑且先不談他在過程中體悟到哪些東西，就身體健康這部分的結果是：他不但沒有死於心臟病，反而在過程中完全扭轉了身體狀況，之後又繼續在這個世界上待了四十二年，直到一九九四年才離去。

他將接下來這四十二年的人生投注在：將他的覺悟傳遞給也在尋求同樣答案與境界的人們。而在他傳遞自身經歷與體悟的過程中，他發現許多人開始把他當「大師」看，總是希望從他身上得到指引與答案，而他認為這樣並不是好事。

他認為雖然老師或「大師」確實可以提供很大的協助，但沒有人非得需要老師不可，也沒有人該認為自己一定要依靠哪一位或哪一些老師、大師才能達到某個境界。因此，他開始和一些學生們一起研究與規劃，將自身的歷程具體與系統化，成為一套每個人學會之後，只要自己照著操演，就可以達到同樣境界的方法。

這個方法，後來依照萊斯特的定居處：亞歷桑那州的瑟多納（Sedona），命名為「瑟多納釋放法」（Sedona Method）。

清除人生阻力最有效率的方法

萊斯特·雷文森的故事引起我相當大的興趣，我開始透過各種管道收集關於他、以及他留下的這套方法的更多訊息，並深入學習與實驗。在驗證這套方法之後，我將我的經驗與心得整理成「人生零阻力」課程，開始對外授課。

如果要用一句話來描述我對這套方法的看法，我會說：「這真是一套可以解決從極淺到極深的內在狀況，隨時可用、隨處可用，單純、簡單又極有效率的方法。」

而這套方法現在就在你手中。

你會拿起這本書，就表示在你目前的生活中應該有「阻力」存在，而你想要找到有效排除這些阻力的方法。

你的人生「阻力」也許是：

· 你的收入一直無法達到你理想的數字？

· 你因為有想要擁有的東西或想去經歷的體驗，卻無法擁有而感到沮喪？

· 你希望能有足夠的時間或金錢，去做你真正想做的事？

· 你的身體三不五時就會出毛病，讓你覺得很痛苦？

· 你有久治不癒的宿疾，讓你覺得非常困擾？

· 你心裡對父母或其他人有一直打不開的結，讓你活得很辛苦？

· 你一直嚮往美好的親密關係，但你的Mr. 或Mrs. Right卻總是不知道在哪裡？

· 你其實不愁吃穿、要什麼有什麼；你身體健壯很少出毛病；你人緣很好，家裡父慈子孝、兄友弟恭，幾乎每個人都羨慕你的人生──但你卻很清楚知道：「我不快樂。」而你想要知道怎麼做才能得到真正的快樂？

　　不論你目前的阻力是來自於物質或財富、身體或心理健康、人際或親密關係，或是想追求內在世界的真正平靜與喜悅……我相信，只要你考慮本書傳遞的各種觀念的可能性，並認真測試本書教你的「瑟多納釋放法」（Sedona Method），那麼無論你目前遭遇的阻力是什麼，絕對都能迎刃而解。

　　但是同樣的，「不要相信，也不要不相信你聽到的一切，用你的親身經歷去驗證。」

　　你準備好了嗎？

　　接下來，就讓我們開始來瞭解瑟多納釋放法吧！

當那個完美、完整的真正的你的內在「煞車」全都放掉的時候，
這時你會發現發生在你身上的「好事」越來越多，
你的人生無論是物質財富、身心健康、人際或親密關係都越來越不費力，
而不費力，才是你的正常狀態。

SEDONA
METHOD

Part 2

零阻力，人生
一路暢通

瑟多納釋放法是什麼？

　　本書的主旨就在於傳遞萊斯特・雷文森所留下的「瑟多納釋放法」
（Sedona Method）。

　　那麼這個方法究竟能協助我們做到什麼呢？

　　　　　　請想像有個容器，容器的底層鋪了一層黃金。
黃金即使不加任何修飾，本身就是很有價值、很美
好的東西。

　　　　　　但是，黃金上面鋪了一層蘋果，所以當我們從
上往下看時，只看得到蘋果而看不到底層的黃金。
更不幸的是，對大部分人來說，覆蓋住黃金的蘋果
還是爛掉的。

　　　　　　當我們意識到這樣不太好看時，會跑去市場挑
選新鮮的蘋果回來，放在那些爛蘋果上；但是因為
下面一層仍是爛蘋果，所以，這些好蘋果很快地又
跟著爛掉了。

　　　　　　我們覺得很奇怪，所以又跑去買了一些蘋果，
疊在那些爛蘋果上，但很快地，這些好蘋果又會爛
掉……

　　　　　　如果我們希望放進去的好蘋果能保存久一點，
應該怎麼做呢？

　　　　　　答案很明顯：先把爛蘋果清除掉。

有趣的是，一旦我們開始「清除爛蘋果」時，隨著爛蘋果越來越少，底層的黃金也會開始浮現出來，最後你會發現──其實我們根本不需要放蘋果上去……

因為黃金本身就已經很美好、很有價值了。

現在來做個類比：把這個容器想成你自己，真正的你──你的「真我」，就像容器底層的黃金一樣，本身就很美好、很有價值。

然而，從小到大你自己或別人，透過各種方式在黃金上面鋪上了許多蘋果：各種思想、信念、感受、情緒、基本欲望。這些蘋果使你看不清、也展現不出自己的本質……而且不幸的是：其中大部分都是爛蘋果。

到了某個階段，透過某些機遇，你開始不滿內在的這些「爛蘋果」對你造成的影響。所以，你開始尋求改變現狀的方法，開始透過上課或閱讀等方式，試圖要讓自己能「正面思考」、「提升振頻」、「引爆內在能量」……但是你發現無論是去參加大師的成功激勵課程、每天聽潛意識CD，或者是每天對著鏡子說「你是最棒的」，結果總是一樣：效果只能維持兩三天，最多只能維持一個星期。

如果你曾經有過類似經驗，也對效果無法持久這種現象感到疑惑，甚至認為那些正面思考、成功激勵的東西是「騙人的」，那麼現在你應該知道問題是什麼了：因為你其實只是在爛蘋果上面疊上好蘋果，這樣就算疊上去的是世界上最頂級的蘋果（例如，上世界頂尖成功激勵大師的課），結果也都會是一樣：好蘋果很快就會爛掉，而你的生活也很快就會恢復原狀，彷彿一切都是誤會一場。

所以，如果你希望透過上課、閱讀等方式輸入的「好蘋果」──所謂的「正面」思想、信念等能維持久一點，需要怎麼做呢？

你也同樣需要先清除內在的「爛蘋果」。

有趣的是，如果你決定要清除這些內在無用能量，也真的開始著手一

層層清除這些內在垃圾時,在過程中你將會逐步發現,其實放進好蘋果這件事根本就是多餘的,因為你本來就已經是那個樣子了。

 踩油門v.s.放開煞車

「奇怪,今天引擎怎麼沒什麼力?」

「該不會壞了吧?」

「難道要進廠檢查一下了嗎?」

記得有一次,我開車上路,一踩油門卻發現狀況不太對,引擎的聲音、車子的反應……就是一整個奇怪。

然後,我腦海裡就開始浮現上述這些聲音。

直到我開了一小段路,在等紅燈時低頭一看,才發現另外一個「紅燈」也亮著——原來,我沒放開手煞車。

你有過這種經驗嗎?

踩了油門,但是車子卻移動得很慢,你得要更用力地踩才能以正常速度前進。在你發現原來是沒放開手煞車之前,是否也和我一樣,直覺地認為「車子壞了」?

前面提到了「上課學習」這件事,事實上多學習絕對不是壞事,偶爾參加那些激勵人成功的課程,讓站在台上、能量滿滿的導師們幫你充充電也沒什麼不好。不過,如果我們類比到「開車」這件事,就會發現那些都是屬於「踩油門」的類向。

當然,不踩油門,你哪裡都沒辦法去。然而,在我投入培訓界多年之後,我發現多數人的問題都不在於「不知道怎麼踩油門」,而是「沒放開手煞車」。

在特別營造的課程氛圍當中,學員們設定了遠大的夢想與目標,他們

深藏在內心的動力與衝勁被激發到滿檔，他們把油門踩到底，準備在離開課室後大幹一場，創造出一個完全不一樣的成功人生……

然而，因為還沒發現是自己的手煞車沒放開的問題，所以，在兩三天之內、最多一個星期，這股動力與衝勁就會被「打回原形」，依舊照著沒上過課之前的人生劇本繼續走。

「瑟多納釋放法」的重點並不在於教你怎麼「踩油門」，或者是想辦法激發你將油門更用力地踩下去，這些在坊間已經有很多的方法與管道可以幫助你做到。「瑟多納釋放法」的核心在於：

一、幫助你找到：自己的內在有哪些過去沒注意到的「煞車」。

二、幫助你有效地放掉：自己內在的「煞車」。

當你能做到這兩點時，就會發現，只要你輕輕地踩油門，就能飛快地往前邁進。

外在世界是內在世界的映照。因此當你內在的「爛蘋果越來越少」，你也越來越接近底層的黃金——那個完美、完整的真正的你的「煞車」全都放掉的時候，這時你會發現發生在你身上的「好事」越來越多，你的人生無論是物質財富、身心健康、人際或親密關係都越來越不費力，而不費力，才是你的正常狀態。

接下來，我們來談談內在無用能量的不同型態。

無用能量的四種形態

> 菩提本無樹，明鏡亦非臺，本來無一物，何處惹塵埃。
>
> ——《六祖壇經》

「瑟多納釋放法」要協助你做到的，就是清除內在的爛蘋果（釋放無用能量），透過這樣的方式，讓你能逐步看到底層的黃金（回歸真我）。

請注意這裡使用的名詞：「無用能量」。

很多人會說某些思想是所謂的「正面」思想，某些思想是「負面」思想；有些情緒是「正面」情緒、有些則是「負面」情緒，然而事實上無論是哪一種思想、信念、感受、情緒，其實都只是不同密度的能量而已，「好」與「壞」、「正面」與「負面」，只不過是人們貼上的標籤。

這個有形世界是二元對立的世界，有好壞、對錯、陰陽等，但任何形上學的教導都會告訴你：這個世界的原始狀態是「一」，而這也是我們希望能進入的覺知境界。

然而，每當你使用「正面能量」、「負面能量」、「好的能量」、「壞的能量」、「高頻」、「低頻」這些名詞時，事實上都是在強化「二元對立」的觀念。

因此，本書不使用「正面」或「負面」能量，而是使用「無用能量」——也就是對我們來說，沒有用處或幫助，或者與我們要前進的方向不一致的能量。

無用能量的類型

那麼，「瑟多納釋放法」能幫助我們釋放哪些無用能量呢？依據無用能量的類型與釋放時的效率與難度，我們先看看下圖這棵樹：

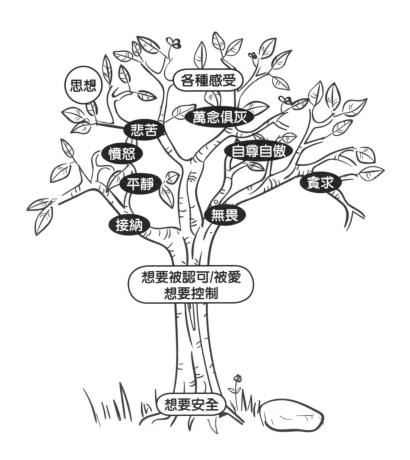

假設這棵樹就是擋住你的視線，使你無法看清你那本就「完美、完整、全知、全能、無所不在」的「真我」的障礙物。為了讓視野清晰，你決定要把這棵樹移除掉，會有哪些方式可以選擇？

你當然可以一片一片地拔樹葉，但是這會耗掉很多時間，而且可能好

不容易拔掉一些樹葉時，又有新的樹葉長出來。

如果要稍微有效率一點，可以考慮剪掉小樹枝，每剪掉一支小樹枝，就會同時帶走很多樹葉；不過，效率似乎也不高。

如果想要再更有效率一點，就可以試著從連接到樹幹的粗樹枝開始下手，這樣每鋸掉一根粗樹枝，就可以同時帶走很多小樹枝，也會連帶帶走更多樹葉；而如果能從樹幹部分直接切斷，那麼連帶的所有粗樹枝、小樹枝、樹葉也都會一併消失。

還有更有效率的方式嗎？你應該已經能想到了：從樹根著手，連根挖起，這樣整棵樹就會一起消失，這也是最有效率的方式。

一、樹葉→思想

樹葉部分，就是你的「思想」，這也是最基本、我們最熟悉的無用能量型態。

據說我們每分鐘會有五萬五千個至六萬五千個思想，不管這個數字怎麼計算出來的，總之就是很多，光是要去注意到就不容易了，更何況要一一去調整？

而且，如果只處理思想本身，卻沒有徹底去除其生命力來源，那麼就會像一句俗語說的：「斬草不除根，春風吹又生」，很快地，你原本的那些思想又會浮現出來，而內外在世界的狀態又會恢復原狀。

所以，雖然釋放法也可以用來處理「思想」這類無用能量，但由於效率與效果較不顯著，因此一般而言我們會針對更根源的無用能量做處理。

二、小樹枝→感受

思想和感受的關係就像樹葉和樹枝的關係一樣，樹葉的生命力來自樹枝，樹枝傳遞養分，樹葉才能存在；思想的生命力來自於感受，如果去除

掉滋養某個思想的感受，那麼對應的思想也會消失，就像剪斷了小樹枝，樹葉自然會枯死一樣。

> 思想是一種運動模式，和「光」、「電」一樣，其背後的原理都是「振動法則」（Law of Vibration），而藉由「愛的法則」（Law of Love），「情感」可為思想灌注生命力，並透過「成長的法則」（Law of Growth），在有形世界中成形而展現出來。
>
> ——*Charles Haanel* 《財富金鑰》

三、粗樹枝→情緒狀態

在釋放法中，我們把各種感受歸類為九種情緒狀態，分別是：「萬念俱灰」、「悲苦」、「恐懼」、「貪求」、「憤怒」、「自尊自傲」、「無畏」、「接納與平靜」。

這九種情緒狀態是各式各樣不同感受的根源。如果針對情緒狀態釋放，就像每砍掉一根粗樹枝，就可以同時去除很多小樹枝和更多樹葉一樣，可以同步釋放掉許多相關的感受，也自然會帶走更多相關的思想。

四、樹幹／樹根→基本欲望

樹幹的部分，指的就是人的三大基本欲望中的兩項：「想要被認可／被愛」與「想要控制」。同樣地，就像如果砍掉樹幹，就能同時清除樹上的所有枝葉一樣，只要能釋放掉一部分的基本欲望，就可以帶走很多相關的情緒、感受及思想。

而最更根本的方式，就是直接處理三大基本欲望之三，也是一切苦厄

的源頭——「想要安全／生存」。如果能釋放掉這個基本欲望，就像連根挖起這棵樹一樣，樹上的任何東西自此不會再造成你的任何困擾。

所以，就清除內在無用能量的效率上而言，直接釋放三大基本欲望：「想要控制」、「想要被認可／被愛」、「想要安全／生存」，相較於釋放九種「情緒狀態」，或者釋放個別感受，會是更快速、也最根本的方式。

就像要把樹移除，採取直接挖樹根的方式效率雖高，但是所需的體力勞動也最大一樣，對大部分的人來說，一開始想直接處理基本欲望會比較難以上手；因此，我通常會建議循序漸進，先從比較容易上手的部分開始學習，再由淺入深，會是比較理想的方式。

因此，在本書中，我也將「釋放無用能量」分為初、中、高三階，分別針對「感受」、「情緒狀態」與「基本欲望」；接下來，就讓我們先來瞭解如何釋放「感受」這種類型的無用能量。

初階：釋放「感受」的無用能量

 ## 處理感受的四種常見方式

一、壓抑

　　第一種常見的處理方式是「壓抑」。我們接受的教育並不鼓勵展現情緒，這點從「男兒有淚不輕彈」之類的俗諺也可以看得出來。

　　所以，每當情緒來時，都只能往心裡面硬塞，我們會用很多面具來掩飾內在真正的狀態，即使內在很脆弱，也會偽裝得很堅強，因為那是普世價值——你不能軟弱、不能低頭、不能掉淚……

　　但「壓抑」是理想的感受處理方式嗎？

　　試著想像一個壓力鍋，如果壓力鍋裡的壓力不斷增加，而且洩壓閥失去作用，最後會發生什麼事？

　　再想像一下，如果這個壓力鍋就是你的內在世界，而鍋裡壓力來自你在過去、現在、未來所壓抑的情緒能量，當這壓力不斷增加，而你卻沒有注意到，或者沒有打開洩壓閥釋放所有或至少一部分的壓力，最後會發生什麼事？

　　內在的感受也是一樣。

　　許多形而上學都告訴我們，世界的一切都是能量，而透過量子物理學的研究，這種說法也逐漸被科學證實。《失落的致富經典》這本書也提到同樣的概念：世界上任何東西的原料都是一樣的原始物質，只是密度不同而已。

　　現在想像一下，那個「原料」的一部分，被我們透過一個決定，塑造

成我們稱為「感受」的東西；而如果我們又不懂得其他處理感受的方式，一直把這個原料往我們的情緒中心塞，到最後就會像壓力鍋爆發一樣，出現身心方面的疾病。

現在的醫學也越來越證實：大部分的疾病的根源其實都一樣，也就是來自於壓力。所以，如果你常處於快樂愉悅的狀態，是很難生病的。

「壓抑」是最常見，也是對自己傷害最大的感受處理方式，所以我們不建議用這樣的方式。

二、發洩

「好，既然壓抑不好，那發洩出來好了。」你可能會說。

確實，相較於壓抑，把感受發洩出來是比較好的方式，所以你覺得悲傷時就哭，覺得不爽時就發脾氣、罵人、打人，或者用報復的方式來宣洩情緒。雖然心裡確實會短暫舒服一些，但畢竟發洩要有對象，因此這種方式通常會產生反作用力或後遺症。

反作用力是因為被發洩的對象可能會反擊，最後還是回到你身上；後遺症則是因為通常你會造成對方的傷害，而這傷害會產生罪惡感，結果是發洩了一個感受，又來了一個感受。因此，「發洩」情緒也不是太理想的處理方式。

三、逃避

> 大多數人藉由社交與娛樂暫時脫離他們的苦痛，然後說這是快樂，其實那只是逃避而已！他們受不了自己獨自一人、受不了和自己的思想獨處，所以他們跑去看電影、上夜店、找朋友，只是希望能有點事可做，這樣就不必面對自己的那堆雜念。當他們的注意力不在自己的思想、念頭上時，他們會感覺好一點，然後把那種狀態稱為「快樂」。
>
> ── 萊斯特‧雷文森

第三種常見的感受處理方式是「逃避」。

我以前只要覺得心情不好、有點悶時，就會去看電影，但是常見的是：我在看電影之前垂頭喪氣，如果看到一部好電影，那麼在看電影時心情會變好，但是當電影結束之後，我總是又回到原本垂頭喪氣的狀態。

有沒有類似的經驗？你只有在做你用來逃避的那些事時會感覺稍微好一點，但你的「使用前」和「使用後」的狀態是一樣的。

我們常用來逃避的方式很多，例如：看電影、看電視、聽音樂、看書，我們把自己安排得很忙，分散自己的注意力；其他像是旅遊、購物，乃至於抽菸、喝酒，甚至吸毒都是。

這類方式最大的問題就是：這只是一種轉移自己的注意力，沒看到就當作不存在的消極作法。

或許你會想：「你說的大部分都是娛樂啊！為什麼不行？」

別誤會，我絕對不是說做這些事情會有什麼問題（毒品除外），只是

請回憶一下，有多少次是你想透過這些方式來調整情緒，結果只獲得短暫的效果，然後又恢復原狀的？

任何東西都是能量組成，感受也不例外，能量不滅，存在就是存在，不會因為你蒙上眼睛，或者轉頭不看就消失；只要它存在，就會對你的外在有形世界造成影響，所以，「逃避」也不是很好的處理方式。

上述這三種常見的方式都不太理想，那麼還有其他方式可以從根本處理這個問題嗎？

有的，就是第四種，也是我最建議的方式：「釋放」。

四、釋放

「壓抑對身體不好，發洩又會影響別人，逃避也不能解決問題，那還能怎麼辦呢？」

這就是我最建議的方式，也就是第四種處理方式──「釋放」，或者說是放下那些對你無益的能量。

前面說到，任何東西都是能量組成，感受也包括在內，我們的各種感受其實都只是不同密度的能量而已。

「感受」的形成，是透過我們自己的決定，當我們碰到某些事，決定要有某個感受，那個原始物質就變成我們所決定的感受的樣子。

既然感受是「原始物質」透過你的決定才變成那個樣子，那你當然也可以透過決定讓它恢復為原始物質的樣子，讓它恢復為原來的樣子，它就不會對你造成任何影響、負擔或傷害。

如果我們願意，其實只要透過一個決定，就可以讓任何感受能量離開、消散掉。

不相信？那我們不妨做個實驗吧！

請你先闔上這本書，到附近的書局或文具店買顆氣球。

「氣球？」

對，你沒看錯，就是氣球。

在你還沒買回氣球之前，請不要繼續看後面的內容，請記得萊斯特所說的：「不要相信你聽到的任何東西，用你的親身經驗去證實。」現在就是親身驗證的機會了。

如果你沒有先去買氣球，那麼後面的實驗與解說，永遠都只是紙上談兵，對你不會產生太大的幫助。

現在，請闔上書，出門去買氣球吧！

買到氣球了嗎？

太好了！你已經跨出了親身驗證的第一步。

現在，請你把手上的氣球吹起來。吹大一點，但不要吹破了，然後用左手捏住吹氣口。

好了嗎？

現在，請回答以下問題：

‧請摸摸這個氣球，現在這個氣球漲漲的，繃得緊緊的，是因為裡面充滿了什麼？

_____

‧這個氣球裡的空氣是誰吹進去的？

_____

‧這個氣球裡面的空氣很想做一件事，叫做？

_____

‧氣球裡的空氣之所以沒辦法做到它想做的事，是因為？

_____

‧如果我們能做個決定把手鬆開，然後真的把手鬆開，接著會發生什麼事？

_____

回答完以上問題之後，把左手鬆開，看看會發生什麼事。然後再回答以下問題：

‧要讓氣球裡的空氣出來，除了放手之外，你還需要做什麼？

_____

請再把這個氣球吹起來，然後放在你的胸口一帶。

現在，請閉上眼睛，試著想一件你最近在擔心、煩惱或害怕的事。

盡可能在心裡「看見」那件你擔心、煩惱或害怕的事，然後觀察自己

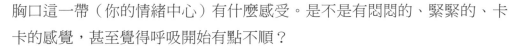

胸口這一帶（你的情緒中心）有什麼感受。是不是有悶悶的、緊緊的、卡卡的感覺，甚至覺得呼吸開始有點不順？

再來作個類比：把你手上的氣球當做是你的感受，然後試著回答以下幾個問題：

‧這股稱為感受的能量之所以壓抑在這裡，卡得你很不舒服，是誰造成的？

_____

‧積壓在你情緒中心裡的能量，它很想做一件事，叫做……？

_____

‧這些能量之所以沒辦法做到它想做的事，是因為……？

_____

‧如果我們能決定放手，然後真的放手，接著會發生什麼事？

_____

回答完這幾個問題之後，把左手鬆開，想像隨著氣球裡的空氣釋放出來的「咻～～」聲音，壓抑在你內在的感受能量也隨著消散掉。

然後，再想那一件你擔心、煩惱或害怕的事，並觀察自己胸口一帶的感受。相較於練習之前，你對這件事的感受是更強了、差不多，還是有減輕？

現在，請闔上書，再繼續針對同一件事重複做練習，直到你對那件事的感受至少進入中立（不好不壞）的狀態為止。

另一個作法：打開胸口的那扇門

除了「氣球練習」，還有另一種簡易的釋放方式，我測試之後的效果非常好，許多學員在學習並實作之後，都回饋了「很容易上手」的感想。

不多說，直接試試看吧！你可以看著以下的文字，跟著做看看：

步驟1：調整一下坐姿，以舒適但不睡著為原則，慢慢地將眼睛閉上。

步驟2：深吸入一口氣，身體跟著往後仰，直到不能再吸入為止；然後吐氣，一邊吐氣，一邊將身體往前傾，將這口氣吐到底，吐到不能再吐為止。

步驟3：再深吸入一口氣，一邊吸氣，一邊觀察身體有沒有哪個部位比較緊繃，然後慢慢吐氣，一邊吐氣，一邊放鬆那些緊繃的部位。重複幾次，直到身體完全放鬆為止。

步驟4：繼續慢慢地深呼吸，此時開始將注意力集中在情緒中心的位置——也就是你的胸口那一帶。觀察在這一刻你有什麼感受？胸口有沒有任何悶悶的、緊緊的、卡卡的感覺？觀察你胸口的感受，觀察那股能量，並感覺那股能量。

步驟5：想像在你胸口處有著一扇門，將這扇門打開，你看著這股能量順著這扇門，逐漸消散掉。

步驟6：觀察在這一刻你有什麼感受？試著去意識、去感受，這沒有對錯、沒有好壞、沒有「應該」或者「不應該」，它就只是一股能量，而這股能量也想要恢復原本的狀態，只要你願意放手，它自然就會離開。

步驟7：再次想著胸口那扇門，並將門打開，讓胸口的這股能量順著這扇門消散掉。

步驟8：重複步驟4至步驟6，直到胸口完全放鬆開來為止。

很好用吧？在你掌握「開門」的方法之後，就可以試著去喚起過去曾讓你有過不好感受的記憶，然後一樣運用開門的方法來釋放那些無用能量。

當你持續練習並養成習慣時，很快地你就會發現自己變得越來越輕鬆。同時，也因為你過去壓抑住的無用能量開始恢復到原始無限可能的狀

態，隨著你釋放得越來越多，也可能會發現自己「心想事成」的實例越來越多喔！

> 除了每天特別投資一些時間做練習，你也可以養成無時無刻做「釋放練習」的習慣，試著在平常就提醒自己：「讓胸口那扇門開著」，無論是在工作、通勤、與人互動、甚至碰到鳥事或者遇到「奧客」時，不管有任何情緒湧上來，都要能馬上敞開胸口的門，讓這個情緒當下就消散掉。如此，你就不會往內在壓抑住任何無用能量，反而可以將所有的能量都運用在創造你想要的人生體驗上！

 ## 釋放你的感受

透過「氣球和開門練習」，你應該對一些基本觀念有了實際的體悟：

- **任何感受，都沒有好壞、對錯、應該或不應該，它只是一股能量而已。**
- **任何感受，都是我們自己決定要產生那樣的感受，才會有那樣的感受。**
- **這股能量也很想離開，之所以無法離開是因為我們自己緊抓著不放。**
- **只要我們願意做個決定讓這股能量釋放掉，而且真的放手，它就會自然消散掉。**

有了這些基本的認知之後，我們就可以正式來談「談瑟多納釋放法」在釋放「感受」這類無用能量的方式，整個流程包含三階段與六小步驟：

一、容許接納

　　無論當下面對的感受是什麼、是輕微還是強烈，如果你去抗拒或評斷它，就會再產生另一股無用能量，使你更難以釋放當下的感受。

　　所以，釋放無用能量的第一步，就是容許與接納自己當下的感受。方法是：

　　步驟1：盡可能地靜下來，讓自己專注在內在世界，然後問自己：「我現在有什麼感受？」

　　步驟2：專注觀察自己當下的感受，然後問自己：「無論這是什麼感受，我能不能容許自己有這樣的感受？」

二、深入其中

　　小時候玩過吹泡泡的遊戲嗎？吹出來的泡泡四處亂飛，看起來好像是實體，但如果你想要抓住它，一碰馬上就會消失。

　　是感受或其他無用能量也一樣，看似非常真實，但如果你願意不再逃避自己的感受（無論那個感受看起來有多強烈、多可怕），而選擇正面迎擊，讓自己試著去看、去感覺清楚那個感受到底是什麼，就會發現其實它就像泡泡一樣——裡面什麼也沒有。

　　所以，接下來的作法就是：

　　步驟3：給自己足夠的時間去感覺當下的感受。

三、選擇放手

　　如前面提到的，無論你有什麼感受，都是透過你的一個「決定」，才會出現那個感受；而那股感受能量其實也很想離開，它之所以無法離開，只是因為你基於某個或某些理由，不願意放手而已。

　　因此，如果要讓感受離開，你也一樣必須做些決定。

你需要做的決定有三個，分別是你「能不能？」、「要不要？」以及「什麼時候要？」釋放掉這股無用能量，也就是以下三個問句能協助你做到的事：

步驟4：問自己：「我有沒有能力，放手讓這個感受離開？」

步驟5：問自己：「我願不願意放手，讓這個感受離開？」

步驟6：問自己：「我什麼時候要放手，讓這個感受離開？」

然後不斷重複，直到感覺到胸口的壓力舒緩，甚至消失為止。

操作這六個步驟時，有幾個注意事項：

※避免心智介入

　　成為這些東西的專家其實沒什麼用處，要真的做得到才有幫助。

—— 萊斯特・雷文森

無論你現在想要的是更和諧豐足的人生、還是找到內在的真正快樂，能讓你更接近你的目標的，不是成為「如何」或者「為什麼要」釋放內在無用能量的專家，而是要真的釋放掉你內在的無用能量。

所以，如果要讓自己在過程中得到最多，就要讓自己專注在觀察與體驗操作釋放的流程上，而不是一直去思考「為什麼這樣就能釋放無用能量？」或是「這流程背後的道理是什麼？」之類的問題。

※以直覺誠實回答

首先：請以直覺回答，並務必對自己誠實。例如，如果你想著某件讓

你擔心的事，感覺到那個擔心的感受，然後問自己：「我能不能放手，讓這個感受離開？」假如你的真正感覺是「沒辦法」，那就誠實地回答：「不行」。

　　要記得，這不是考試，沒有標準答案，並不是你每一次對步驟4、步驟5、步驟6都回答「有」、「願意」、「現在」，就能得滿分。**重點並不在於你回答什麼，而是你有沒有釋放掉要釋放的無用能量。**

　　而要讓「瑟多納釋放法」發揮最大效果，協助釋放掉那些對你無益的感受能量的條件只有一個：用你的心，誠實回答。

　　事實上，只要你能做到「誠實回答」，就算你從頭到尾對步驟4、步驟5、步驟6都回答「不行」、「不要」、「下輩子吧！」最終還是會得到「釋放」這個結果。

　　背後的道理請參閱「中階：釋放情緒狀態的無用能量」章節（第72頁）。

※無法正面回答時，回到步驟1

　　在問自己步驟4、步驟5、步驟6的任何問題時，如果你當下無法回答「可以」、「要」、「現在」，那請再回到步驟1，從頭操作一次。

　　如果已經連續問自己數次，但仍然無法回答正面的答案時，也不必擔心，只要繼續循環操作、繼續誠實回答，最終你對這三個問題的答案絕對會是：「可以」、「願意」、「現在」。

小提醒：釋放法是拿來用的，不是拿來聊的

　　在我因《祕密》一書，與翻譯《失落的致富經典》而踏入教育培訓界之後，有一段時間我被視為是「身心靈」圈子的老師。在研究「身心靈」這個主題，還有與相關族群的人接觸多了之後，我發現：「身心靈」真的

是很好聊的主題。

因為事實上，沒人說得準哪本書說的是對的、哪本書說的是錯的，沒有科學實證能證明「神」到底存不存在，你也無從得知那些說自己能「接收到訊息」的人，他們是真的能聽見高靈和他說話，還是這一切只是他的自我對話。

只要聊到這種主題，都能天南地北、無止盡地一直聊下去。

經過一段時間，我意識到：旅遊書值得一讀，但是就算讀再多旅遊書，都無法取代自己親自去一趟的經驗。

靈性與內在世界的主題也是一樣。無論你讀再多書、參加再多的讀書會、上再多的課程、聽再多大師的開示，都比不上你自己一次的親身經驗，都不如來自你內在的一點智慧洞見。

也許你和我一樣，曾經透過看書、參加講座、上課等方式，聽過很多大師對我們真正本質的描述。又如我所翻譯的《財富金鑰》一書，其中不斷地強調與提醒：我們的本質其實都是「全知」、「全能」、「無所不在」、「完美」、「完整」的存在。

但是就像萊斯特所說的：「你只知道你能做到的事」。

我認同，也相信這類的描述，但我並不「知道」。

直到一次漂浮經驗之後，把我從「相信／認同」提升到「知道」。

在我公司的辦公室裡有個「漂浮箱」，它有另外一個名稱是「感官剝奪箱」。在金字塔造型的箱子裡，有著水高約三十公分，溶解了五百公斤硫酸鎂鹽的高濃度鹽水。

簡單來說，躺在裡面你沉不下去，會自然地浮在水面上，又由於水溫與體溫差不多，而且可以隔離聲音、光線、氣味等感官上的干擾，最後只剩下你的意念，所以才稱為「感官剝奪箱」。

我常開玩笑地說：「對我而言，漂浮箱就好像漫畫《七龍珠》裡的

『精神時光屋』一樣（那是一個身處其中一年，卻等於現實世界一天的神奇空間）。」我認為在漂浮狀態時，操作任何你有共鳴的內在法門，都會有壓縮進程、效果倍增的功效。

總而言之，有一次我在漂浮狀態時，體驗到「我的本質到底是什麼」。

那一次，我漂著漂著，在一段時間之後，我的意識逐漸淡去，彷彿進入一種好像睡著，但又不是睡著的狀態當中⋯⋯

後來，當意識回來的時候，我發現⋯⋯「我沒有身體」。

我知道自己在一個無限延伸的空間裡，沒有上下、沒有左右、沒有前後，什麼都沒有。我並沒有看到什麼光，但我也不會稱之為黑暗，那是一個沒有光的狀態；我也沒有看到什麼神、佛、菩薩、外星人之類的，什麼都沒有。

「原來佛經裡談的『空』、『無』、英文裡談的『Nothingness』、『Emptiness』，就是這麼一回事啊。」

經過一陣子，我的意識慢慢地回來，我逐漸感覺到我的四肢身體，然後發覺我還在漂浮箱裡。

這一次的親身體驗，改變了我對很多事物的認知。

比如，前面提到的「空」、「無」、「Nothingness」、「Emptiness」，這些對我來說不再只是名詞、理論、或者我只是相信和認同的東西，我真的知道那是什麼了。

比如，我不再害怕死亡（精準來說，應該是更不害怕死亡），因為在那個體驗的當下，我知道自己死後就是回到那個狀態而已，而那個狀態並不可怕，是一種極致的平靜。

但是對你來說，我的體驗仍然是我自己的體驗，你不是相信或認同、就是說：「你的體驗跟我讀到的書裡說的不一樣。」然後認為我錯了⋯⋯

只有你自己的經歷與體驗，才是你的真實；只有你真正地體會過，才會真的知道。這也是為什麼我會不斷地提醒自己與有緣相遇的「釋放法」學員這句話——「釋放法是一套方法。方法是拿來『用』的，不是拿來『聊』的。」

你該追尋的，不是了解這套方法、搞清楚它的來龍去脈或背後的原理，而是去使用它，進而經歷在身、心、靈層次上，你想要的生命體驗。

在學習釋放法的過程中，請記得並不斷地提醒自己——「多用，少聊。」

 ## 如何擁有潔淨的內在世界？

想像一下，假設你的住處本來很髒亂，而你希望住處現在起能變得整潔，要怎麼做？

首先，你需要大掃除，把過去累積已久的灰塵、汙垢、垃圾和根本用不著、只是堆著占空間的雜物打掃清理乾淨。不只如此，除了大掃除之外，你還得要再養成一個習慣：從現在開始養成隨手清理、隨手整理，不再在家裡累積垃圾雜物的習慣。如此，你的住處未來才都能持續地保持乾淨。

內在世界也是一樣的道理，如果希望內在能保持清淨，那麼你也會需要開始進行我稱為「內在大掃除」的無用能量清理工作，一改過去採取「壓抑」或「逃避」的方式，將沒有真正面對、接受、處理掉的那些感受清除掉。你要能養成日常維護的習慣，現在起盡可能地培養在無用能量出現時，就能意識到，並做決定將之釋放的能力。

每天進行內在大掃除

在「內在大掃除」部分，建議從現在開始，每天至少安排十五至三十分鐘，特別針對「感受」這種無用能量作釋放練習，依照前面提到的流程，先讓自己盡可能地靜下來，把注意力轉移到內在世界，然後試著回想曾經讓你感覺不太舒服的事件或狀況，藉由回想的方式喚起曾逃避或壓抑的感受，然後專注在感受上，給自己一點時間去感覺那個感受。

接著，開始依序問自己：「我有沒有能力放手，讓這個感受離開？」、「我要不要放手，讓這個感受離開？」、「我什麼時候要放手，讓這個感受離開？」同樣的，用你的心而非腦袋來回答，只要有任何一個問句無法回答肯定的答覆，那麼就再回到第一個步驟，重複執行。

 日常維護

日常維護這部分，則開始去注意自己每個當下的感受，並即時釋放無用能量。你可以三不五時問自己：「我現在有什麼感受？」然後專注並感覺那個感受。

接著，同樣開始依序問自己：「我有沒有能力放手，讓這個感受離開？」、「我要不要放手，讓這個感受離開？」、「我什麼時候要放手，讓這個感受離開？」只要有任何一個問句無法回答肯定的答覆，那麼也一樣再回到第一個步驟，重複執行，直到感受消散為止。

在你有空閒時，可以做這個練習。通常我最建議的是，運用在你平常「等待」的時間上，例如：等人時、搭車時、排隊時……等等。以及，為了「消磨時間」，你會找些事情來做的時候，例如：你可以想想有哪些時候你會不由自主地拿出手機來「滑」？是真的有事情要查詢？有誰的重要

訊息要回覆？還是只是單純為了「殺」時間？

　　其實，那些零碎時間都可以有更好的運用方式，例如：從現在起，當你有時間要消磨、要「殺」時間、要打發時間的時候，與其去做那些其實對你沒什麼實質好處的事情，不如問自己：「我現在有什麼感覺？」然後，就使用釋放問句把它釋放掉。

　　試著這樣操作一個月的時間，並觀察與記錄你的內在世界與外在世界的變化，相信一個月之後，你絕對會對這個看似簡單的方法所發揮的效果感到訝異。

　　當然，不要相信，也不要不相信我說的任何事，用你的親身經歷去驗證看看吧！

　　接下來，我們要來談談不僅造成你人生中種種阻力、更讓你無法看清與展現「真我」的一個最大障礙——「心智」。

人生阻力的來源：心智

　　萊斯特・雷文森在進行內在探索的過程中，覺悟到我們每個人的本質真的都只能用「完美」、「完整」、「全知」、「全能」、「無所不在」來描述——就和古往今來的偉大導師們所說的一樣。

　　「是嗎？如果是的話，為什麼我看不見、感覺不到、也展現不出來？」你可能會有這樣的疑惑。

　　我們之所以看不見、感覺不到、展現不出自己真我的本質，其實是因為有一個東西擋在眼前；那個擋住我們的，就是我們的「心智」（Mind）。

　　就像下面這張圖一樣：

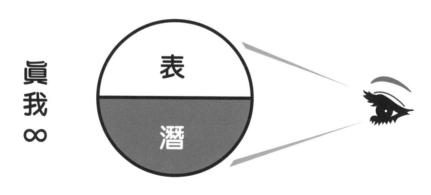

為什麼我看不見、展現
不出真我的本質？

　　所以，如果我們希望能看見、感覺到自己的真我，並能在有形世界中展現出真我的特性：「完美」、「完整」、「全知」、「全能」、「無所不在」，那就得要找方法去除掉「心智」這個障礙；而要百戰百勝必先知己知彼，所以讓我們先來瞭解心智的一些特性：

心智的特性

一、心智是表潛意識中一切思想的總和

> 如果你想知道自己心智加總起來的狀況如何，只要觀察一下你的
> 四周就知道了。
>
> —— 萊斯特·雷文森

「心智」包含「表意識」與「潛意識」兩個部分；簡單地說，表意識就是你知道自己在想什麼的部分；潛意識就是你不知道自己在想什麼的部分。

很多書籍或課程把「潛意識」描述得有點神祕，其實潛意識也沒這麼玄妙。不妨把潛意識想成是你書桌最亂的那個抽屜，或是家裡的儲藏室——所有你不需要、不想看到，或是暫時用不著的東西你都會往裡面塞，差別只在於抽屜或儲藏室裡塞的是「雜物」，潛意識塞的是「思想」而已。

除此之外，許多可以自動化的東西也會丟到潛意識去運作。例如，你不會需要用意識去控制自己的呼吸、心跳、新陳代謝等生理機能，就是因為它們都是由潛意識在處理。

「心智」，就是表潛意識的總和。如果你想知道心智目前的狀態，方法很簡單：只要看看你目前有形世界的狀態就可以知道了。

你的財務狀況如何？你和朋友、家人、另一半的關係如何？你的身體與心理的健康狀況呢？從有形世界的狀態，大概就可以知道表意識、潛意

識的狀態如何。這個方式相當精準，並且非常誠實。

　　如果你能認同「思想創造有形世界」這個觀念，那麼「心智＝表意識、潛意識一切思想的總和。」這個認知就可以帶來重要的啟發。

　　如果你一直都無法在你的世界中創造出理想的狀況，那麼肯定表示你的潛意識裡有與表意識方向不一致的思想或信念存在。如果你沒有把這些思想信念找出來、釋放掉，那麼再怎麼努力也很難在你的世界裡創造出你的理想成果。

　　所以，不論你目前在哪個階段，挑戰都在於「如何能讓潛意識裡那些和我們要前進的方向不一致的思想浮現到表意識？」如此我們才能釋放它。（如下圖）

　　我將在後面的章節裡詳細說明方法。

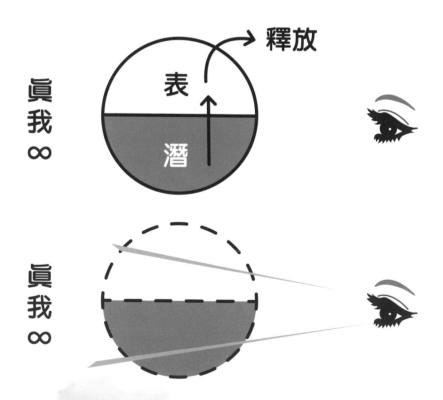

二、心智只是一個儲存與播放的裝置，不能期望它有所有事情的答案

想像你的面前有一台電腦，你開啟作業系統的「搜尋」功能，然後搜尋「人生零阻力.doc」這個檔案。

如果你過去從來沒有在這部電腦上儲存過任何檔名是「人生零阻力.doc」的檔案，那麼電腦會出現什麼訊息呢？沒錯，什麼都搜尋不到。

我們的心智也是如此。

假設你設定了一個叫做「月入百萬」的目標，但是有生以來你自己及周邊的人卻從來沒有月入百萬過，而且你也從來沒有接觸過任何關於「月入百萬」的資訊，那麼此時你的心智會告訴你什麼？

不是一片空白，就是會跳出：「不可能啦！」、「哪有這麼簡單！」、「下輩子吧！」之類的句子。

接著，想像一下，如果你出生在比爾蓋茲的家庭，當你對自己說：「我要月入百萬」時，你的心智會告訴你什麼？

說不定你的心智會反問說：「百萬？那只是零頭而已吧？」

差別到底在哪裡？是因為比爾蓋茲的兒子的頭腦比你好一百倍嗎？不是吧，問題就在你過去的心智裡並沒有存入過這方面的資料而已。

假設你在電腦裡搜尋「人生零阻力.doc」這個檔案，結果沒有找到任何東西，你會不會因為這樣就怪罪電腦，甚至氣得把電腦砸爛？

不會吧？

因為你很清楚，這只不過代表著電腦裡沒有相關的檔案而已，沒有其他意義。

同理，如果你在問了自己某個問題，但由於過去並沒有在心智裡儲存過相關資料，所以心智無法提供答案給你時，就苛責自己，那就像是在電腦裡搜尋不到一個從沒存進去過的檔案，反而怪罪電腦很爛，是完全沒有必要的事。

　　那麼，如果你希望能在電腦裡找到「人生零阻力.doc」這個檔案的話，可以怎麼做呢？

　　第一個方式是，現在就在電腦裡打開你的Word，打上幾個字後儲存檔案，將檔案命名為「人生零阻力.doc」，如此你下次再搜尋時就可以找得到了。

　　有沒有其他方法？現在是網路時代，所以我們都擁有一個很方便的工具：「搜尋引擎」。如果我們想要找這個檔案，另一個方式就是連上Google之類的搜尋引擎網頁，在搜尋欄裡打上「人生零阻力」的關鍵字，這樣也許就可以在浩瀚網海中找到。

　　那麼，假設我們的心智目前對「如何月入百萬」這個問題搜尋不到結果，我們可以怎麼做？方式同樣有兩種：

　　第一，開始在你的心智中儲存相關資料。

　　你可以開始閱讀月入百萬的人所寫的書、去上他們開設的課程、或者直接去尋求他們的建議等等。透過這類方式來增加你心智中的資料，讓它知道這個目標是可以達成的，同時也建立起關於各種可能性的資料庫。如此，你的心智就有資料可以讓你搜尋，也能開始幫你推演出當下最可能實現目標的方式。

　　但是，這個方向有頗大的限制，因為你的心智能為你提供什麼樣的答案，仍然受到你儲存進去的資料量的限制，所以很難產生靈感、創意，也無法用突破性的方法達成你的願望。

　　還有更理想的方式嗎？有的：

　　第二，開始與無窮智慧連線。

　　世界上有各種令人驚奇的創意與創見，如果你去訪問那些常有很多創意與靈感的人是如何做到的，大多數人都會告訴你：「那是『靈光一閃』的結果」、「是上帝給我的想法」、「我在洗澡的時候冒出來的idea」諸

如此類，幾乎沒有人能明確列出產生創意與靈感的標準作業程序。

這告訴我們：如果你想要創意與靈感，不能用「想」的，想不出來的！你得要和那個全知的「無窮網路」連上線。而如果你在追求實現願望或解決困難的過程中，願意朝著這個方向去做，那麼最後的結果一定會讓你讚嘆不已——願望的實現方式、困難的解決過程，都絕對是意想不到、驚喜連連。

方法同樣就在這本書裡面。

三、你的心智永遠傾向於維持現狀

當你要去做任何改變時，你的心智會一直試圖用各種方式說服你不要去做。

例如，你有個願望想要實現，而當碰上一個其實能夠很快幫助你實現願望的機會時，你的心智常會大喊：「我不行啦！」、「要是失敗了怎麼辦？」或是「哪有這麼好的事？」之類的話，盡可能地想讓你打退堂鼓。

為什麼心智會這樣？因為它的功能之一就是確保你的安全，讓你能繼續生存下去；而你的心智只確定一件事，就是「你到目前為止都還活著」，也就是說對心智而言，只要你不做任何改變，就能安全地繼續存活下去；你想做的任何事情，只要和現狀不一致，就會被心智歸為「不安全」的類別，並盡可能地說服你不要去做。

雖然心智有這種傾向，但不必因此對心智生氣，因為它只是想要確保你的安全而已。瞭解心智的好意，然後在它想要做好它的工作，又開始在對你閃紅燈、幫你踩煞車時，告訴它：「我知道了，謝謝你。」

這樣就可以了。

四、你的心智喜歡把事情複雜化

在每一次的「人生零阻力」課程，當談到心智的這個迷思時，我常先請有看過《祕密》的學員舉手，然後接著說：「看過《祕密》之後，還有再去買其他書的繼續把手舉著。」

然後，我會依序調查購買的相關書籍數量，結果大多數人都會再購買相關書籍，多者甚至超過三十本。

然後，我會問這些博覽群書的人：「在你們讀了這麼多相關書籍之後，針對『吸引力法則』這個主題，有沒有超脫這三個要素：1. 清晰明確的畫面；2. 和畫面一致的感受；3. 機會與靈感來的時候採取行動。」

每一次，我得到的答案都會是：「沒有」。

我自己也曾經落入這個迷思當中，在那之後我也發現同樣的事實：這堆書裡面談的東西都差不多。

「那我為什麼會想要一直買、一直買呢？」我問自己。

後來我得到的答案是，當時我的內心深處隱藏著一個聲音，一直嘀嘀咕咕說：「沒有這麼簡單啦！你還是把吸引力法則的來龍去脈先搞懂吧！要不然，小心又和之前學的那堆成功學一樣，一點用都沒有喔！」

所以，為了要知道吸引力法則從哪來的，我又去找了一堆書、有聲書、影片來研究，但最後仍發現其實萬變不離其宗，宇宙定律永遠都是非常單純的。

別誤會，我絕對不是反對多看書、多學習，然而如果要我從那段谷底翻身的經驗中，找出排名第一的關鍵，那絕對不是「大量吸收相關資訊」，而會是「簡單的事每天做」。

你的思想創造了你的世界。我相信現在你接觸到這本書，一定有其意義存在，所以我同樣會建議，從現在開始試著去意識自己心智的「複雜化」，然後不斷地提醒自己：給現在正在學的方法足夠的測試時間，別太

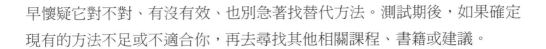

早懷疑它對不對、有沒有效、也別急著找替代方法。測試期後，如果確定現有的方法不足或不適合你，再去尋找其他相關課程、書籍或建議。

五、你的心智喜歡、也擅長編故事

亨利‧福特曾說：「不論你說你可以，還是說你不行，你都是對的。」

這句話很直接地描述出心智的特性。當你說：「我不行」時，你的心智就會在你的意識資料庫中尋找能支持「我不行」這個決定的各種證據，並藉此編出一大段故事給你聽，來證明你的決定是正確的；甚至，心智還會在有形世界中創造一些能證明你真的不行的實相，來進一步支持你的認知。

相反地，如果你說「我可以」，心智同樣會到意識資料庫中搜尋能支持這個決定的證據，也會開始在有形世界裡創造出能強化「我可以」這個認知的種種實相。

所以，關鍵字在於「決定」。

你先做了一個要相信某件事的決定，然後才會在有形世界裡看到實相。內在世界是「因」，外在世界是「果」，千萬不要錯置因果，本末倒置。

六、心智是你的創造工具

　　無論我們知不知道這件事，事實是每個人無時無刻都一直在操控著原始物質。每個人——不論他想不想要——都一直是個創造者，想要「不是」個創造者是不可能的事。每個人每天都在不斷創造，如果還沒有覺察到，是因為過去從未注意。每一個思想都會在有形世界裡化為實體，除非把思想反轉，否則要讓一個思想不在有形世界實體化是不可能的事。如果我們在有了某個想法之後，再想一個方向相反而力量相等的想法，就可以把它中和；然而只要沒有反轉或中和掉的思想，就遲早會實體化。所以，很多人很努力想要創造，但其實這件事我們一直都在做；我們真正需要做的，只是有意識地去引導而已。

——萊斯特・雷文森

　　很多人誤以為自己需要學習「怎麼成為創造者」，那是完全的誤解。

　　就像如果你是男性，你會需要做任何事來讓自己「是」男性嗎？不需要，因為你本來就是；如果妳是女性，妳也同樣不需要做任何事，妳就是女性。

　　同理，你也不需要學習如何成為一個創造者，因為從頭到尾，你一直都是一個創造者。如果你至今一切順遂，那是你創造出來的；而就算現在人生充滿阻力，那也是你創造出來的。

　　你是一個「創造者」，從頭到尾都沒有改變過。

　　差別只在於你過去可能是無意識地創造，讓過去被儲存進心智的資訊來決定你的人生；而從這一刻開始，你可以做自己的主人，決定要讓哪些

經歷體驗出現在你的人生中，如此而已。

創造需要工具，就像雕刻家會需要雕刻刀，畫家需要畫筆、顏料等工具；對我們而言，在有形世界裡創造的工具就是我們的心智。

到目前為止我們看到一些心智的特性，你可能會覺得心智很討厭，造成我們不少困擾，其實並非如此。

事實上，心智會是一個非常好的幫手，可以幫助你在有形世界裡創造出你要體驗的一切事物，也能幫助你觀察與見證你的經歷與體驗。

差別只是「是誰在當家？」這一問題。

過去你讓心智當家，而心智就依照過去儲存的資料，塑造出你到目前為止的人生；而現在，你有個機會可以決定接下來是要讓心智繼續當家做主，還是換人做做看，由你來指揮心智，告訴它你接下來要經歷和體驗什麼。

這同樣都是一個決定而已。所以問題是，接下來你會做怎樣的決定？

 ## 擺脫心智束縛

心智可以是我們最大的障礙，也可以是我們最好的幫手。要如何才能讓它成為我們的幫手而非障礙？在這個階段有幾個練習是你可以操作的。

容許其他可能性

「也許我是對的，但也許……」

這裡要分享的第一個方法使用起來非常簡單，只要你運用得當並且經常使用，它將能快速地改變你的現狀。所以，仔細讀來啦！

你曾聽過「思想創造實相」這個概念嗎？意思就是，無論你現在人生中正經歷、體驗的是好是壞，無論你喜不喜歡，它都是你的「思想」所創

造出來的結果。

對於「思想」、「心智」與「有形世界實相」彼此之間的概念與關聯，我通常會以「訊號來源」、「投影機」與「投影幕」來比喻。

想像一下你眼前有個投影幕，上面正在播放電影。

如果在這之前，沒有人告訴過你世界上有投影機這種發明存在，你可能會以為在投影幕上發生的事情都是真的……

等等，先別說：「哪有可能～～」，這種事情真的發生過。在電影技術剛問世的時候，一場發表會上，發展出該技術的公司播放了一段展示影片，影片內容是有列火車往觀眾方向駛來，其結果是：

台下的觀眾看到這一幕，以為真的有列火車要衝過來，個個嚇得抱頭鼠竄。

不過現在的你知道那只是影片，你明白之所以可以看到這個畫面，是因為你身後有一臺投影機，而畫面是從那裡投射出來的，事情並不是真的發生在投影幕上。

想想看，如果你想要換一部電影來看，會從投影機還是投影幕下手？

其實這是類似的道理，發生在你的有形世界中的一切，其實也都是從「投影機」裡投射出來的結果，而這部投影機就是你的「心智」。

進一步來說，如果光是有投影機，但是沒有接上類似電腦的「訊號來源」，也是無法投射出任何影像的，對吧？

前面曾提到，你的心智就是你的表潛意識中一切思想的總和，而在將表意識與潛意識當中的正面思想與負面思想加總、正負相抵之後，就成為了「訊號來源」，並經由你的心智投影出你目前的人生。

因此，萊斯特才會說：「如果你想知道自己的心智加總起來的狀況如何，只要觀察一下你的四周就會知道了。」道理就在這裡。

想想看，在這樣的認知下，如果你對目前人生的某一個領域有不喜歡

的地方，那麼該專注在什麼之上，才能最有效用且最有效率地改變它？

是「投影幕」？──你目前經歷與體驗的這些人、事、物。

還是「投影機」？──你的心智。

還是「訊號來源」？──你的表潛意識的思想。

如果你能理解這背後的概念與關鍵為何，那麼接下來的問題就會變成：「我要如何才能最有效用且最有效率地調整我的思想？」

多年來，我看過、也嘗試過許多不同派別，但是在核心概念與目標基本上都是相同的方法。例如，常見的方法之一是「肯定語」，你對自己不斷地複誦一些有助於自己達成目標的信念，如：「我是最棒的！」、「我是最好的！」、「每一天、每一方面我都變得越來越好！」等等，透過重複「灌洗」的方式，以新的思想信念取代舊的。

而有的方法則是「裝久了，就變成真的。」（Fake it until you make it.）的概念，要你先演出你想要成為的樣子。例如，想要成為有錢人？就先扮演成有錢人的樣子。想要變得更有自信？就先扮演成有自信的樣子等等。

其實只要核心概念掌握得正確，這些方法都能達到一定的效果，不過對我自己而言，「釋放法」仍是我最有共鳴、也最有感覺的方法。

而如果要用「釋放法」來調整思想／信念，方法上有兩個方向：

其一，你可以意識到自己又在想那些無助於達成理想人生的思想信念時，就直接將它釋放掉。

你可以看著你意識到的負面想法，然後問自己同樣的釋放問句：

「我有沒有能力放手讓它離開？」

「我要不要放手讓它離開？」

「我什麼時候要放手讓它離開？」

你也可以同時想像這個思想就像氣球裡的空氣一樣消散掉，或者是想

像腦海裡開了一扇門，而這個負面思想信念將從那扇門離開，不再回頭。

其二，這個方法是我自己發展出來的小撇步，我自己使用，以及與一些「釋放法」的學員分享之後，他們也都表示效果非常強大，能快速且根本地調整自己的思想信念。

這個方法很簡單，當你意識到自己又浮現無助於理想人生的思想／信念時，就問自己這個問題：

「也許我的想法是對的，但我能不能容許這件事有其他可能性？」

舉例來說，如果你想要有段理想的親密關係，但是發現自己浮現了一個信念是「有了伴，就會失去自由」。

如果你想要用「釋放法」來調整這個信念，就可以問自己：

「也許我的想法是對的，確實只要有了伴就會失去自由……但我能不能至少容許這件事有其他的可能性？」

然後釋放掉任何內在所浮現出來的無用能量，直到你能回答：「可以」為止。

接著，問自己：

「那麼，有哪些其他可能性存在？」

然後把你的答案寫下來，也許是：「其實也不一定，說不定我找到的伴不會整天黏我。」、「其實也有人擁有親密關係的對象，但是還是很自由。」等等。

不要設限、也先不要思考可不可能發生在你身上、以及如何讓這些可能性發生在你身上，將你想到的所有可能性都寫下來，寫到你真的想不出其他可能性為止。

然後，看著這些「其他可能性」，問自己：

「有這麼多可能性存在，我還要堅持相信原本相信的那一個嗎？」

同樣的，釋放掉任何內在所浮現出來的無用能量，直到你能回答：

「不要」的時候，就問自己最後一個問題：

「那麼，我從現在開始要相信哪一個？」

我看到很多學習釋放法的同學在使用這個小撇步改變了自己的信念之後，過一陣子，他們原本很煩惱的人生問題就出現很大的轉變。

在實作過程中，我發現這個方法不見得是最快的思想／信念處理方式，但是它一方面可以直接繞過你的表潛意識的抗拒，另一方面它又可以從根本來改變你的思想／信念，不會像「灌洗」式的方法，往往不能維持太久就又恢復原狀。

總之，老話一句：方法是拿來用的，用你的親身經歷去驗證看看吧！

有智慧點，別再問「為什麼」了。

（Get WISE, kill the WHYs.）

——萊斯特‧雷文森

每當你「想要搞懂」些什麼，想著：「為什麼會是這樣？」、「為什麼要這樣？」、「該怎麼做？」、「這樣做對嗎？」、「要怎樣才能……？」之類的問題時，都是在啟動你的心智，要求它給你一個合理的答案。

但是，還記得心智的特性是「儲存與播放的裝置」嗎？如果在心智中有答案的話，那麼你早就已經得知答案是什麼了，不會還在「想要搞懂」。而就算在問自己這些問題之後，心智吐出了答案給你，那也不過是過去儲存進去的資料，經過邏輯運算之後得出的答案而已；通常，你會發現答案雖然「合理」，但絕對都充滿侷限，不會有什麼突破性的創見出現。

　　前面說到，雖然你也可以用看書、上課等方式來擴充你的心智資料庫，但其實更理想的方式是連上「無窮網路」，而要連上無窮網路的方式，就是釋放掉你的「想要搞懂」──也就是說：能讓你得到答案的方式是「不想」。

　　這聽起來很弔詭，但卻是事實。同樣地，不要相信、也不要不相信這些話，驗證看看吧！方法同樣有「即時釋放『想要搞懂』」和「內在大掃除」兩個方向：

1. 即時釋放「想要搞懂」

　　每當你意識到自己又在「想要搞懂」什麼的時候，就問自己：「我現在想要搞懂什麼嗎？」然後觀察內在的感受，並且去感覺自己在想要搞懂什麼的時候有什麼感受。

　　然後依序問自己：「我有沒有能力放手，讓這個感受離開？」、「我要不要放手，讓這個感受離開？」、「我什麼時候要放手，讓這個感受離開？」如果有任何一個問句無法回答肯定的答案，那就再回頭問自己「我現在還想要搞懂什麼嗎？」並重複操作。

　　如果這三個問句的答覆都是肯定的，那麼最後再問自己：「我還想要搞懂這件事嗎？」如果還是想搞懂，就再繼續重複整個流程。

2. 內在大掃除

　　除了意識自己在每個當下的狀況之外，你也可以處理過去累積的這類無用能量。方法如下：

　　問自己：「我曾經想要搞懂什麼嗎？」然後等待答案從內在浮現出來，記得別用「想」的，那又會讓心智再製造出更多「想要搞懂」。

　　當過去曾經「想要搞懂」的記憶浮現出來時，就把注意力集中在感受

上，觀察你對這個記憶有什麼感受，並且去感覺那個感受。

然後依序問自己：「我有沒有能力放手，讓這個感受離開？」「我要不要放手，讓這個感受離開？」「我什麼時候要放手，讓這個感受離開？」

如果你對這三個問句都無法回答肯定的答案，就再回頭問自己：「我還想要搞懂什麼嗎？」並重複操作。

當你對這三個問句都是正面答覆時，就在最後問自己：「我還想要搞懂這件事嗎？」如果還是想搞懂，就繼續重複整個流程。

 ## 聽見內在的智慧話語

看到這裡，你可能會問：「那意思是要釋放到不想搞懂原本想搞懂的事情囉？可是這樣原本造成我『想要搞懂』的那個問題還是存在啊！這不是有點鴕鳥心態嗎？」

我在前面提到，這確實是很弔詭的事：你越想搞懂，就越無法真的懂；而你唯一能真正「搞懂」的方式就是「不想搞懂」。

就我到目前為止親身的經歷、以及在課程中觀察到的狀況，當你釋放掉「想要搞懂」之後，會有兩個情況發生：

1. 你會發現之前想要搞懂的事情，其實只是「平生本無事，庸人自擾之」。

2. 你的內在會自動浮現出最有智慧的答案。

這兩種反應，在我進行「人生零阻力」課程時屢見不鮮。

一般在課程剛開始時，由於我還沒有完全傳遞「瑟多納釋放法」，所

以每當有學員問我：「老師，那如果怎樣怎樣的時候，該如何如何？」時，我採取的方式是直接告訴他們我的看法。

到了課程中段，我把「瑟多納釋放法」的基本操作方式教授完之後，當學員又問我：「老師，那如果怎樣怎樣的時候，該如何如何？」時，我便不再直接回答我的看法，而是引導他直接操作「瑟多納釋放法」。

我會問他們：「你想要搞懂這件事嗎？」然後要他們觀察並感覺那個「想要搞懂」時的感受，再用三個問句協助釋放掉這股無用能量。

最後，我會反問：「你現在對那個問題有什麼想法？」

常見的第一種狀況是，學員們會愣一下，然後說：「我忘記我的問題是什麼了。」接著自己都笑出來──幾分鐘前，他還一直為了搞懂那個問題而眉頭深鎖；幾分鐘後，不需要任何人告訴他、說服他，他自己也發現原來那個本來困擾他的問題，其實沒那麼重要了。

而在釋放之後還記得自己問題的學員，在我問他們：「那你現在對那個問題有什麼想法？」之後，從他們自己嘴裡說出來的，竟是連他們自己都會驚訝的智慧話語──短短幾分鐘前，他們還卡在自己的問題上轉不出來，而希望有某個人或某個力量能告訴他們為什麼會這樣，或者接下來該怎麼做呢！

一次，也許是巧合；兩次，也許是巧合；但如果這種狀況持續不斷發生呢？那就不再是巧合，而是表示古往今來許多導師們所說的：人的本質是「完美」、「完整」、「全知」、「全能」、「無所不在」……是‧千‧真‧萬‧確‧的！

而這個本質同樣也存在於你的內在。不論你現在的人生遭遇到什麼阻力，是財務不順、健康不佳、還是關係不和諧，而你有想排除這些阻力的意念，你內在的智慧早就一直在盤算著最理想、最快速、最和諧的解決之道，只是因為你忙著強求功能有限的心智思考出解方、你忙著在外在世界

尋找意見與建議，所以，雖然你的本我一直在說話，但你聽不見、看不到⋯⋯

別再尋求或等待誰來告訴你答案了，因為你要的答案並不在那裡——無論那個「誰」是哪個老師、大師、或是神靈。

其實，你真正需要的，只是一個能讓你聽見那個聲音的方法而已。

現在你已經擁有這個方法了，只要你決定多運用「瑟多納釋放法」，你就能讓「本我」來引導自己，如此，你將能以最輕鬆、最自在、最不費力的方式扭轉方向，排除一切你不想要的人生阻力。

還是老問題：「你會做什麼決定呢？」

中階：釋放情緒狀態的無用能量

在前文中，我們以樹木比喻擋住視線，使我們看不見、也展現不出那個「完美」、「完整」、「全知」、「全能」、「無所不在」的真我的障礙。

現在你已經瞭解，無論目前的目標是要：

・在有形世界中實現願望，解決問題？

還是

・回歸真我，找到「真正的快樂」？

你要做的一樣都是釋放你內在那些與你要前進的方向不一致的無用能量。

到目前為止，你已經知道「剪除小樹枝」（釋放「感受」等級的無用能量）的方式。如果認真透過實際操作去驗證，一定會在生活中開始看見很多不同的改變——甚至會讓你感覺非常神奇。

不過，如我們之前提過的，針對「感受」釋放，就像想要透過不斷剪除小樹枝的方式讓一棵大樹消失一樣，不是很有效率的方式；如果希望更有效率一點的話，可以怎麼做呢？可以直接從粗一點的樹枝鋸掉，這樣可以連帶處理掉很多小樹枝，也可以連帶帶走更多樹葉。

在「瑟多納釋放法」中，粗樹枝指的就是九種「情緒狀態」，如果將感受歸到釋放情緒狀態（鋸掉粗樹枝），可以連帶釋放掉很多同類的感受（小樹枝）；連帶的會將更多相關思想（樹葉）的生命力拔除。

瞭解九種情緒狀態

　　「瑟多納釋放法」將情緒狀態分為九種，分別是「萬念俱灰」、「悲苦」、「恐懼」、「貪求」、「憤怒」、「自尊自傲」、「無畏」、「接納」以及「平靜」。

　　前面提到，如果能將各種「感受」歸到對應的情緒狀態，然後由情緒狀態這個層級釋放無用能量，會是比較有效率的方式；要做到這一點，就必須明白自己面對問題時，是屬於哪一種情緒狀態，因此，你會需要對九種情緒狀態的定義有所認識：

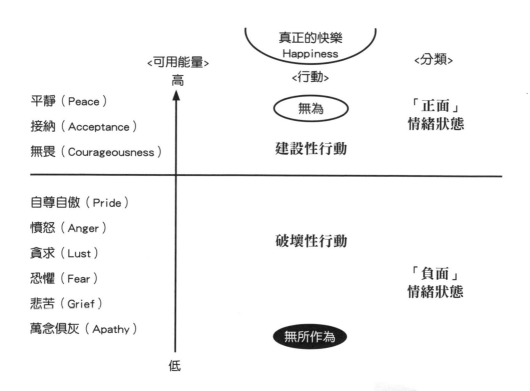

一、萬念俱灰（Apathy）

定義：沒有任何盼望，因為覺得就算有也沒什麼用。認為自己什麼都做不到，也沒有人能幫忙。會退縮、裝死，以免讓自己再受傷害。

處在「萬念俱灰」這個情緒狀態時，你認為自己什麼都做不好、辦不到，也覺得世上沒有任何人或任何力量能幫助你；不只如此，你還會擔心如果再做些什麼，就可能會受到更多傷害。

因此，你什麼都不做——甚至包括「求助」這個動作在內。

也因為如此，通常我們不太會在講座或是課程上碰到處於「萬念俱灰」狀態的人，因為處在這種情緒狀態的人甚至不認為有任何人或者任何力量能幫助得了他，自然也就不會去參加講座或課程。

另一方面，當你處在這種情緒狀態時，即使一個能幫助你的人或者一股力量出現在你面前，你大概還是會拒絕（因為不相信有人能幫上忙）。

因此，當人處於「萬念俱灰」的狀態時，只有兩種可能的後續發展，一種是發生了什麼契機讓他念頭一轉，願意往上提升到「悲苦」；另一種則是繼續往下走……最後通常只有結束生命一途。

二、悲苦（Grief）

定義：渴望有人能幫助我們，因為雖然我們自己什麼都辦不到，但是也許某個人可以——我們哭喊著希望某個人能伸出援手。

處在「悲苦」這個情緒狀態時，你對自己破除障礙／困難或者實現目標與願望的能力沒有信心，但你認為也許有某個人或某個力量能幫你（無論有形或無形）。因此，你會希望透過某些方式，讓這個人或這個力量對你伸出援手。

在這種情緒狀態下，你腦海裡的背景聲音會是：「我覺得自己無能為力，但（某人或是某個力量）應該可以幫我，我真希望他能伸出援手。」

填空處可以是某個親友、大師、神祇，或者某一本書、某個課程，甚至是某個候選人或者黨派等等。

當人處於「悲苦」的狀態時，大部分的能量都還是用在「壓抑」上，所以即便自己期盼的人或者力量真的伸出了援手，最後通常還是無法改變現狀。

因此，此時最佳的解決方案不是往外求援，而是釋放自己內在的無用能量，讓情緒狀態往上提升，取回可用的創造能量。

三、恐懼（Fear）

定義：想要主動出擊卻沒有行動，因為我們認為會被擊垮。認為自己必定會受傷害，所以即便想要做些什麼，仍然沒有去做。

「恐懼」對多數人而言，是相對容易瞭解的一個情緒狀態。在這個情緒狀態下，雖然你想要採取某些行動，但卻因為認為會受傷害，因此最後仍然沒有採取行動。

在生活上，恐懼常展現在我們說：「我怕……」、「我擔心……」或者「如果……怎麼辦？」的時候，此時就是恐懼這個情緒狀態的展現。

當處在「恐懼」的情緒狀態時，你的焦點大多會專注在你不想要的事情上，而根據宇宙法則，當你滿腦子想的都是那些你不想要的事情、當你投注了很多能量到那一個畫面上、當你非常相信那些你不想要的事情會發生的時候……

它們就必須要發生！

所以，如果你不想要「你不想要的事情」真的發生（好像繞口令），

就要盡可能地去意識自己當下的情緒狀態，如果發現自己又處於「恐懼」時，就趕緊進行「釋放」來調整。

　　一個很簡單的方法是，當你心裡又浮現「要是……的話，怎麼辦？」等等的小聲音時，就問自己一個問題：

　　「也許真的會這樣，但我能不能容許這件事情有其他可能性？」

　　多問幾次，直到你能回答：「可以」為止。

　　接著，再問自己：「有什麼其他可能性？」將你能想到的其他可能性都寫下來。

　　你會發現，其實未來會發生的事有多種可能，也許有比自己想像得更可怕、更慘的，當然也可能發生一百八十度完全相反的超級好事。

　　問題是……

　　你相信哪一種可能性會發生？進而讓那一種你想要的可能性真的發生？

四、貪求（Lust）

　　定義：有想擁有的欲望。渴望金錢或各種人、事、物，但卻帶著猶豫。我們可能會，也可能不會採取行動；內心中潛藏著「做不到」、「不該擁有」等意念。

　　簡單說，「貪求」就是「帶著『可是』的想要」。

　　每當你說：「我希望……，可是……」、「我想要……，但是……」的時候，例如：

　　「我希望收入能增加，可是我學歷不夠高。」

　　「我想要有自己的房子，可是現在房價好高，要一、二十年不吃不喝才有可能……」

「我希望能做自己想做的事，可是這樣好像會養不活自己……」

就是處在「貪求」這個狀態下，而這種「帶著『可是……』的想要」也正是**你無法「心想事成」的最大因素**。

我在上課時常以「開車」來比喻這個觀念：想想看，假設你要開車上路，但是你一隻腳踩著油門，另一隻腳卻踩著煞車不放，會發生什麼事？你會發現引擎轟隆作響，油料也不斷地在減少——但是無論你怎麼用力踩油門，都還是停在原地，哪兒都去不了。

如果你有想擁有的東西、想實現的願望，但你的情緒狀態卻停留在「貪求」，你心裡的聲音常是「我希望……，可是……」、「我想要……，但是……」的話，就和開車時一腳踩著油門、一腳踩著煞車一樣——你會發現自己的內在能量不斷地虛耗，卻什麼也實現不了。

舉例來說，在一次「釋放法」活動時，有位學員發現自己心智裡出現了一個背景音效：「我想要賺更多錢，可是我什麼都不會……」

帶著「可是」的「想要」，明顯是處於「貪求」的情緒狀態，而長久處在這個情緒狀態的結果，就是她「賺更多錢」的願望不但一直沒能實現，甚至努力了很久，卻連一點起色都看不見。

因此，我先帶領她連結到這個情緒狀態的身體感受，然後進行「釋放」，直到她胸口的緊繃感放鬆之後，就進入到「改變信念」的部分。

我問她：「也許你的想法是對的，你真的什麼都不會，所以沒辦法賺更多錢……」

「但是，你能不能容許這件事有其他可能性？」

「可以。」

「那你認為有什麼其他可能性？」

「我其實會一些東西，只是沒那麼專精而已。」

「除了這個，還有什麼其他可能性？」

「我目前會的東西,其實已經能讓我賺到足夠的錢?」

「很好,還有什麼其他可能性?」我繼續問。

「嗯……我不需要什麼都很專精,也可以賺到我想要的錢?」

事實上,在這個分工越來越細的現代社會,你不需要什麼都會,你只要知道自己想創造的價值是什麼,然後有本事能找到有能力的人來實現你腦子裡的藍圖,就可以創造你想要的財富了。

然而,在原本的情緒狀態與信念下,她看不到這個事實、想不到這個可能性;相反地,當她釋放了無用能量,並且開始丟「好的問題」到心智裡之後,就能看見更多的可能性。

當你看到從最壞到最好的可能性,並且意識到,其實這些可能性發生的機率幾乎是均等的,此時你自然就會選擇相信不一樣的信念,你會告訴自己:「從現在開始,我要相信這個可能性,不要相信另一個可能性了。」

此時,你就會發現人生開始有了不一樣的光與希望。

五、憤怒(Anger)

定義:想要採取行動以傷害或阻止他人,卻又帶著猶豫;可能會,也可能不會採取行動。

當你處在這個情緒狀態時,你會想要「討回公道」,或者讓對方付出你認為他應付的代價,而且滿腦子都在想要怎麼達成這件事;在「憤怒」這個情緒狀態下採取的行動,通常也都是破壞性的行動——又由於這個情緒狀態下,可用於「創造」的能量已經高到一定的程度,因此往往會產生很多後遺症。

進步還是退步?

萊斯特在1970年代的一場短講中,提到當時美國社會整體已經提升到「憤怒」的情緒狀態,是個蠻好的現象。

「提升」到憤怒?「蠻好的現象」?

聽起來有點詭異,但如果對照目前為止我們已經談到的幾種情緒狀態的順序,就會發現,這確實是「提升」沒錯。因為在那之前,美國社會整體上是處於「恐懼」(擔心「如果……怎麼辦?」)與「貪求」(帶著「可是」的想要),而那時候,雖然經常有示威抗議的事件發生,人民似乎都滿肚子火,社會稱不上安定和諧……但事實上它仍然是一種進步,當下的社會表現出——大眾處理無用能量的方式已經走向了「發洩」。

沒錯,當然還有進步空間,但至少已經不再壓抑。

讀到這裡,有沒有一種似曾相識的感覺?是不是和近年的臺灣很像呢?

在我寫這段文字之前,臺灣社會發生了非常多的事件,打開電視轉到任何一個政論節目,你都會聽到充滿怒意的高昂音調,似乎每位來賓的心情都很不好,看任何事情都不順眼。

乍看之下,臺灣好像沒有在進步。

但是同樣地,如果我們從整體的情緒狀態來看,事實上,臺灣也在進步當中。

思考一下臺灣的過去,從最早的兩岸對立與威權戒嚴時代(恐懼),到之後的經濟起飛,到後來因為歷史上的各種包袱、黨派之間的紛爭而成長遲緩(貪求)。現在,則是進展到「憤怒」,有越來越多的人看到不公不義的事情時,不再只是雙手一攤地說:「沒辦法啊!」而是會說出來、罵出聲、甚至走上街頭。

沒錯,當然還有進步空間,但至少已經不再壓抑。

順帶一提，如果你也希望臺灣這塊土地能再提升的話，那麼「釋放法」是很好的方式。

也許你會想：「我對自己做『釋放』，對臺灣有什麼幫助？」

你要記得，在另一個維度上，我們都是一體。

也就是說，當我釋放掉一些無用能量時，你同時也會減少一些無用能量；當你釋放掉一些無用能量時，某個人也會減少一些無用能量；當大家一起、每個人都釋放出一些無用能量時，整體的無用能量都會隨之減少。

而無用能量減少，代表可用來創造的能量就增加了，臺灣也就更能朝著正面的方向發展。

六、自尊自傲（Pride）

定義：希望能維持現狀。不願狀態有所變動——因此也希望他人不要有任何變動，因為這樣他們可能會超越自己。

當你的基準狀態是「自尊自傲」時，由於你的可用創造能量已經高到了一定程度，因此無論在你的內在或外在世界，都已有越來越多能反映你內在狀態的實證。

你的物質財富、身心健康、人際與親密關係都獲得一定程度的改善，而這些「證據」也開始凝聚成一套你認為「對的」的哲學；開始認為自己什麼都知道，你會希望他人能看到、認可並讚許你的成績，會希望他人也能以你的「對」為對。

舉例來說，當聽到與自己的哲學一致或不一致的觀念時，如果你的基準狀態是「自尊自傲」，那麼你可能會出現以下反應：

「這我老早就知道了。」

「這個和（某本書、某個課程、某位老師或大師）講的一樣嘛⋯⋯」

「不是這樣吧！應該是……才對。」

這也是為什麼「自尊自傲」這個情緒狀態，常成為很多人尋求向上提升的門檻或關卡的原因，當你心裡已有這些想法時，就不會願意繼續前進，因為你覺得已經足夠了、已經很好了。如果在這時，你能保持覺知或覺察力，在發現自己心裡常出現上述說的那類小聲音時，只要做下正確的決定，就能跨越這道關卡，提升到下一個境界。

七、無畏（Courageousness）

定義：願意採取行動去做、去修正、去改變需要完成或改變的一切；沒有任何恐懼或猶豫。願意放手，進而能繼續前進。

回想一下，在你到目前為止的人生中，是否曾經有過對某件你想進行的計畫，打從骨子裡就認為「沒問題的！」、「我一定可以做到！」、「只要這樣做，就一定會……」的經驗嗎？你不需要說服自己、鼓勵自己、要自己相信這些事，甚至你腦中完全沒有任何不成功的可能性。

這種感覺不錯吧？如果你再進一步去回憶與整理歸納，應該就會發現只要是在這個狀態下去做的事，通常都會進行得很順利，即使過程中遭遇挑戰，也一定會有能助你跨越挑戰的資源出現。這個情緒狀態在釋放法中就稱為「無畏」。

八、接納（Acceptance）

定義：沒有什麼需要改變。不論斷是非對錯好壞。事情就只是它們是的樣子而已，沒有什麼不對。一切都很美好。我擁有一切並享受一切。

當你的情緒狀態處在「接納」時，你能接受萬事萬物彼此的差異，不

再有自己的偏好與偏見。你能接受他人「是」的樣子——無論那是什麼樣子；你明白所有發生的都是該發生的——無論是「好事」還是「壞事」；你看萬物皆美，你享受現下擁有的一切，你知道需要什麼時，就能擁有什麼。

九、平靜（Peace）

定義：我與本我完全合一。我本就完美、完整。萬事萬物皆為本我的一部分。一切盡皆完美。

這是一個用任何語言、文字、詞彙都難以描述，即便可以，描述也顯得多餘的狀態，留給你自己親身體驗。

情緒狀態的分類

瞭解各個情緒狀態的定義之後，我們再一次從整體的觀點來解析，就能更進一步瞭解這九種情緒狀態。

以類型來區分

為了方便分別，我們將「萬念俱灰」、「悲苦」、「恐懼」、「貪求」、「憤怒」與「自尊自傲」這六個情緒狀態稱為**負面情緒狀態**；將「無畏」、「接納」與「平靜」三個情緒狀態稱為**正面情緒狀態**。

Note 再次提醒：使用「正面」／「負面」情緒狀態來描述，只是為方便瞭解而作的區隔，各種情緒狀態只是能量密度的不同，並沒有好壞之分。

以能量等級來區分

一個人的情緒狀態越是接近「萬念俱灰」，他的可用能量就越趨近於零；而可用能量會依「悲苦」、「恐懼」、「貪求」、「憤怒」、「自尊自傲」、「無畏」、「接納」依序提升，當一個人的情緒狀態越趨近於「平靜」時，他的可用能量就越趨近於百分之百。

雖然無法很精準地量化，但我們約略可以評估出不同情緒狀態之間，其「可用於創造的能量」與「用來壓抑的能量」之間的比重，如下：

情緒	用於壓抑的能量	可用來創造的能量
萬念俱灰	100%-95%	0%-5%
悲苦	94%-90%	5%-10%
恐懼	89%-85%	11%-15%
貪求	84%-80%	16%-20%
憤怒	79%-70%	21%-30%
自尊自傲	69%-60%	31%-40%
無畏	59%-35%	41%-65%
接納	34%-15%	66%-85%
平靜	14%-0%	86%-100%

從表格中可以看到，當你的情緒狀態處在「萬念俱灰」的時候，你的能量有95%至100%都使用在「壓抑」上，因此只有0%至5%的能量可以用來創造；如果你的情緒狀態提升到「貪求」時，有16%至20%的能量可以用來創造，但是仍有80%至84%的能量用於「壓抑」；而對於情緒狀態處於「平靜」的人來說，則有86%至100%的能量都可以用來創造，只有0%至14%的能量用於壓抑。

我換個角度來解說，你可能更容易理解。

不知道你小時候在浴缸裡泡澡時，有沒有玩過一種把臉盆倒著放，然後壓到水裡面的遊戲？如果有，那麼你應該記得當你這麼做的時候，水中會產生一股往上頂的力量，而你必須要一直使力地往下壓，才能讓臉盆停留在水裡不浮上來。

這個狀態其實與我們內在的運作很相似，當你在壓抑思想、感受、或者情緒時，你的內在就像是二十四小時全年無休地一直在使力往下壓、想確保那個臉盆（思想、感受、情緒）不浮上水面一樣。

而如果你處在「萬念俱灰」的情緒狀態，這表示你幾乎將百分之百的精力都用在這個狀態上，當然也就沒有力氣去做其他事情了。相反地，如果你處於「平靜」的情緒狀態，這表示你並沒有在內在玩「壓臉盆」遊戲，所以仍有很多精神、力氣可以用於其他事情上。

當情緒狀態越接近「萬念俱灰」時，你之於這個有形世界，就越沒有影響力；當情緒狀態越接近「平靜」時，你之於這個有形世界的影響力（也就是你的顯化，或者是「心想事成」的本事）就越大。

當我們操作「釋放法」來釋放無用能量時，其實就像是將壓住臉盆的雙手放開，你只需要做出一個決定，然後真的把雙手放開……

然後，隨著每一次的釋放，你就能多取回一些原本就存在那裡、原本就屬於你的創造能量，並將它運用在你想要的地方。

順帶一提，如果你對於《祕密》、「吸引力法則」的相關資訊還算熟悉、或者有上過一些課的話，也許曾經聽過：「如果要創造你要的東西，就要讓自己『感覺很好』。」如果有，那麼你會需要稍微修正這個觀念。

前面提到，「可用能量」會隨著情緒狀態提升而增加，因此，就算是在萬念俱灰、悲苦、恐懼、貪求、憤怒與自尊自傲等一般被稱為「負面」的情緒狀態裡，只要可用能量不是零，當然仍然可以在有形世界中進行創造。

所以要瞭解，事實上「創造」這件事無論你感覺好或不好，都一直在進行著，並不是只在正面的情緒狀態才發生；我們留意一些世俗認定的「成功人士」，就會發現並不是每個人都溫良恭儉讓的，當中很多人也承認自己的動力來自所謂的「負面」力量，例如憤怒或恐懼等，然而他們還是可以創造出驚人的成就。

你可能會說：「既然這樣，我不就不用提升自己的情緒狀態了？」

並非如此。雖然在負面情緒狀態下，仍然能在有形世界進行創造，但由於有形世界還有「補償律」所掌管，這條宇宙律是：「種瓜得瓜，種豆得豆」、「要怎麼收穫，先那麼栽」、「你給出去的，必回到你身上」，也就是佛家所謂的因果。如果你以負面情緒狀態為創造動力，那麼最終必有反作用力回到你身上，而這股作用力將會在你的物質財富、身心健康、人際或親密關係等領域反映出來。

以行動來區分

當你處在正面情緒狀態時，所採取的任何行動都會是「建設性的行動」──無論是過程或是結果，都自然而然地能與各種宇宙律協調一致；反之，當處在負面情緒狀態時，雖然也可能在有形世界中成功創造，但由於在這類情緒狀態下採取的行動都會是「破壞性的行動」，因此總是會引發一連串的因果效應，帶來許多對自己無益的副作用。

有趣的是，當你處在情緒狀態光譜的兩端：「萬念俱灰」或者「平靜」時，在有形世界裡呈現出來的都一樣是「不行動」。差別在於「萬念俱灰」時，你認為自己什麼也做不到，也沒有任何人與力量能夠幫你，擔心再受傷害而「無所作為」；在「平靜」情緒狀態時，則是因為在你眼中萬事萬物盡皆美好，都在完美的和諧韻律之中運行著，不需要任何改變，因而「無為」。

　　在瞭解這九種情緒狀態之後，會得到一個結論：不論你目前想要追求的是什麼，共通的方向都是要將基準情緒狀態提升到正面情緒狀態，也就是至少達到「無畏」以上。

　　而起點，當然就先需要知道自己目前的基準情緒狀態是哪一個。

 ## 找到你的基準情緒狀態

　　如果去規模比較大的風景區或主題樂園，通常每隔一段距離，都會設置遊樂區的地圖，讓你知道附近有什麼景點或設施可以遊玩，不過，如果沒有一個很重要的前提，這張地圖就完全無法發揮作用，那個前提就是：

　　你得要知道你現在在哪裡。

　　所以，在將情緒狀態往「平靜」的方向提升之外，你還需要知道你現在的位置，我稱之為找到你的「基準情緒狀態」。

如何找到基準情緒狀態？

　　請再瀏覽九種情緒狀態的定義，然後回顧一下，在一天二十四小時、一年三百六十五天當中，大部分的時間是處在哪一個情緒狀態下？特別注意回想自己安靜獨處的時間，因為雖然你有可能在一天當中，因為不同的事件狀況而進入不同的情緒狀態；但是，在這些事件狀況等外力影響減弱或消失之後，你總會接近或恢復到你的正常狀態，這個正常狀態就是你的基準情緒狀態。

　　請在下表中寫下今天的日期，以及你現在的基準情緒狀態，然後每隔一段時間（例如每個月）就再檢視一下自己的基準情緒狀態並記錄下來，如此你能夠清楚地知道自己的進展，也有助於產生繼續釋放的動力。

今天的日期是＿＿＿＿＿＿＿＿＿＿＿＿

我的基準情緒狀態是＿＿＿＿＿＿＿＿＿

（萬念俱灰／悲苦／恐懼／貪求／憤怒／自尊自傲／無畏／接納／平靜）

 ## 如何提升基準情緒狀態？

當情緒狀態越接近「平靜」時，你的內外在狀態就越接近真正「是」的狀態——你的「真我」——那個完美、完整、全知、全能、無所不在的存在。

要如何才能提升自己的基準情緒狀態，讓你越來越接近平靜，甚至超越平靜呢？

答案仍然是：透過丟掉那些「不是你」的，也就是釋放掉你內在的無用能量。

你已經瞭解如何直接釋放各種感受能量，現在你要開始學習如何直接釋放「情緒狀態」這個層級的無用能量，在操作上與感受一樣有「內在大掃除」，以及「日常維護」兩個方向可以進行：

一、內在大掃除

內在大掃除的目的在於釋放過去壓抑的無用能量，從現在起，你可以從情緒狀態這個層級釋放內在的無用能量，與直接釋放感受比較起來，是更有效率的方式。

進行情緒狀態層級的內在大掃除時，流程如下（以「萬念俱灰」這個情緒狀態為例）：

步驟1：坐下來，用你喜歡的方式放鬆肢體，開始把注意力集中在你的內在世界。

步驟2：在靜下來之後，試著回憶前一次你經歷「萬念俱灰」這個情緒狀態的體驗。當時你看到什麼畫面？聽見哪些聲音？身體有什麼感覺？

Note　別太用力去「想」，因為那可能會讓心智編造出更多故事；你只要對自己下個指令，例如：「我容許過去曾經經歷萬念俱灰這個情緒狀態的記憶與感受浮現出來。」然後繼續維持在靜的狀態，讓答案浮現出來即可。如果過一段時間之後，沒有任何記憶或感受浮現出來，那就繼續進行下一個情緒狀態。

步驟3：觀察對當時這個體驗有什麼感受，並且給自己一點時間去感覺那個感受。

步驟4：依序問自己：

「我有沒有能力放手，讓這個萬念俱灰的感受離開？」

「我要不要放手，讓這個感受離開？」

「我什麼時候要放手，讓這個感受離開？」

如果有任何一個問句無法回答肯定的答案，那就再回到**步驟2**，重複操作，直到可以回答肯定的答案，才進入下一個問句。

步驟5：重複操作，直到對那個體驗的感受至少進入中立（沒有特別的感受）的狀態。（如果能釋放到**接納**或**平靜**的狀態更好。）

> **Note** 請注意，若一時沒有浮現出來，並非代表沒有。可能在這之前，你從來不知道如何釋放，對於內在的無用能量的處理方式不是逃避、就是壓抑，因此，只要你過去的人生中曾經歷某個情緒狀態，那股無用能量就可能還壓抑在內心深處，如果不去處理它，有一天它終會以某種形式影響你。

因此，我強烈建議多投資點時間，一一針對每個情緒狀態（即使你直覺認為應該沒有）進行內在大掃除。

二、日常維護

除了釋放過去壓抑的無用能量之外，你也可以針對當下產生的感受，由情緒狀態這個層級釋放；這與直接釋放感受之間的差別是，當你將感受連結到對應的情緒狀態釋放時，可以同步釋放掉你內在屬於那個情緒狀態的其他無用能量，讓你在釋放時更有效率。

進行情緒狀態層級的日常維護時，流程如下：

步驟1：坐下來，用你喜歡的方式放鬆肢體，開始把注意力集中在你的內在世界。

步驟2：觀察你在這個當下的感受，給自己一點時間去感覺。

步驟3：問自己：「對我而言，這個感受是屬於哪一個情緒狀態？」

> **Note** 你可以一個個問自己：「是萬念俱灰嗎？」、「是悲苦嗎？」、「是恐懼嗎？」以此類推，然後看你直覺認為現在的感受是屬於哪一個情緒狀態。記得，用你的心而非腦袋來回答——聽你內在的答案，別用想的！

步驟4：依序問自己：

「我有沒有能力放手，讓這個_____（你的答案）的感受離開？」

「我要不要放手，讓這個感受離開？」

「我什麼時候要放手，讓這個感受離開？」

如果有任何一個問句無法回答肯定的答案，那就再回到**步驟2**，重複操作，直到可以回答肯定的答案，才進入下一個問句。

步驟5：重複操作，直到你的感受至少進入中立（沒有特別的感受）的狀態。（最好能釋放到進入**無畏**以上的狀態。）

「好」的情緒狀態也要釋放

前面談到針對「感受」的無用能量釋放時，我提到過只要你肯回答「能不能？」、「要不要？」、「什麼時候？」這三個問句，無論回答什麼都可以——就算你從頭到尾對那三個問題都回答：「不能」、「不要」、「下輩子吧」，也不會影響最後的結果：釋放。

為何如此？再回顧一下九個情緒狀態，然後試著回答這些問題：

・當一個人願意面對自己當下或對過去某個體驗的感受時，這個人比較接近哪個情緒狀態？

・當一個人願意深入到那些可能會讓他感覺很不舒服的能量，去感覺那個感受時，他比較接近哪個情緒狀態？

・當一個人願意問自己：「我有沒有能力放手，讓這個感受離開？」、「我願不願意放手，讓這個感受離開？」、「我什麼時候要放

手，讓這個感受離開？」這三個問題，而且願意誠實回答時，他比較接近哪個情緒狀態？

你會發現，答案都是「無畏」；所以，在你願意照著瑟多納釋放法的每個步驟操作的同時，其實就是不斷在把自己的情緒狀態往上拉，這也是為什麼即便一開始針對三個問句無法正面答覆，只要重複的次數夠多，最後一定會得到「我有能力釋放」、「我願意釋放」、「我現在就要釋放」的結果。

如果你的基準情緒狀態提升到「無畏」，然後來問我：「我要如何才能再提升到接納或平靜？」我會告訴你：「釋放掉無畏的感受。」

你可能很難理解，也許你是經由一番努力才把自己的情緒狀態提升到無畏的；而且，「無畏」應該是正面的、好的情緒狀態為什麼要丟掉好的東西呢？

答案很簡單，因為後面還有更好的在等著你。願意釋放這些所謂「好」的感受、「正面」的情緒狀態，可以讓你往「平靜」的情緒狀態提升；而最終當你連「平靜」也釋放掉時，就會進入超越平靜的境界──回歸你的真我，找到真正的快樂。

不相信？你親自去驗證看看吧！

高階：釋放基本欲望的無用能量

> 　　我們都是沒有極限的存在，但被心智中種種限制性的概念限制住。所以，別再繼續當你不是的──一個處處受限的心智與身體；而要當你真正是的──一個無窮盡、完全自由、宏偉莊嚴、自然順流、完美完整的存在。
>
> 　　　　　　　　　　　　　　　　　　──萊斯特‧雷文森

　　現在你已經學會如何鋸掉粗樹枝──透過將感受連結到九種情緒狀態，以更有效率的方式釋放無用能量；接下來，我們要學習「砍樹幹」、「挖樹根」──也就是藉由釋放「基本欲望」，更有效率地釋放內在的無用能量。

　　人的基本欲望包括控制、被認可／被愛，以及安全三種，如果你能做到將感受歸到三大基本欲望後進行釋放（砍樹幹或挖樹根），就可以連帶釋放掉很多相關的情緒狀態（粗樹枝），連帶釋放掉更多相關的感受（小樹枝），以及將更多相關思想（樹葉）的生命力拔除。

　　在開始解說對這三大基本欲望需具備的基本認知之前，讓我們先瞭解各種不同層級的無用能量的起源。

 ## 無用能量的起源

　　如果你願意做點功課，找一找關於人的本來面目的各種教導，就會發

現無論是哪一門哪一派的宗教、哲學、形而上學，對於這個「真我」的描述都非常一致——本質就完美、完整，且全知、全能、無所不在。

　　每個人都應該努力達到無欲的狀態。只要我們有任何欲望，我們就會缺乏。「想要」和「缺乏」是同義詞。這個「想要」讓我們卡在一個充滿限制的世界，動彈不得。「想要」就是喜悅的最大敵人。

——萊斯特‧雷文森

　　想想看，如果你出生到現在從來沒有生病過，也沒有看過其他人生病，那麼對你來說，「完全的健康」這幾個字有意義嗎？

　　你會讀得懂這幾個字，也可以試著揣摩它是什麼意思，但你永遠無法真正體會健康是多美好的狀態。生過病的人，才會真正知道健康有多美好、多可貴。

　　同樣的，對一個「完美、完整、全知、全能、無所不在」的存在而言，要如何才能知道自己到底是什麼呢？只有一個方法：讓自己變得不完美、不完整、不全知、不全能、無法無所不在，然後再從這樣的狀態中回歸自己的本來面目。所以，為了知道自己是什麼，你做了一個決定，進入這個處處受限的身體。

　　從誕生到這個有形世界開始，在外在環境的灌輸之下，開始為你建立起「我」的幻象，你開始忘記你真正是的樣子，開始越來越認為自己就是這副軀體、是這個名字、是擁有的東西。

　　在你還記得你是誰、是什麼的時候，在你的意識中沒有「不安全」這種觀念——對一個全知、全能的存在來說，哪有什麼危險可言呢？然而，當你開始誤認自己是這副軀體時，因為和整體產生了分離意識，因此你開

始覺得自己不再安全。

這時，產生了第一個，也是最根源的基本欲望：對安全／生存的欲望。

而在你長大成人的過程中，你發現一件事：只要你能得到外在環境的愛或認可，就能確保你能平安活下去。這時，就產生了第二個基本欲望：對愛／認可的欲望。

後來你又發現，外在環境並不一定會主動給你想要的愛／認可，這時，就產生了第三個基本欲望：對控制（改變外在環境）的欲望。

「控制」需要手段或工具，所以你又發展出九種情緒狀態（萬念俱灰、悲苦、恐懼、貪求、憤怒、自尊自傲、無畏、接納、平靜），這九種情緒狀態又發展出各種各樣的感受，感受則為各種思想信念提供生命力，造就了你在有形世界的各種經歷與體驗。

這就是隱藏在你到目前為止經歷體驗的一切背後的真正故事。

下頁的圖可以協助你進一步瞭解這個觀念。注意圖的背景，有一個無限大的符號；由於紙上印了一些文字，導致你看不清後面的無限大符號。無限大符號代表的是我們的「真我」（Self），前面的文字則是我們的「虛幻我」（ego）。

就像如果把紙上印的文字與箭頭去除掉，你就能看清楚後面的無限符號一樣，如果能把你的思想、感受、情緒狀態、基本欲望與「我」的假象都釋放掉，你就能回歸你——你的真我。

那個真正的你——你的「真我」（Self），是無限宏偉、燦爛、完整、完美，且永遠處於完全的平靜之中；你之所以看不見這一點，是因為你以為自己是那個處處受限的「虛幻我」（ego）。把那眼罩——你的「虛幻我」丟掉，你就能永遠處在完美的平靜與喜樂之中。

——萊斯特・雷文森

基本欲望之一：控制

　　現在你已經知道——無論是思想、感受，還是情緒狀態層級的無用能量，其起源都是來自於「控制」、「被認可／被愛」與「安全」的三大基本欲望。

「我」

↓

想要生存／想要安全

↓

想要被愛／被認可

↓

想要控制（改變外在世界）

↓

AGFLAPCAP

↓

思想

↓

外在世界

 Note 把這張圖轉一百八十度看看，有沒有發現和哪一張圖很像呢？

　　將你內在出現或找到的各種感受歸類到對應的基本欲望，然後由基本欲望這個層級釋放，這是最有效率的無用能量釋放方式。

　　不過，要做到這一點，首先必須要能分辨自己的行為、言語和想法是源自於哪一個基本欲望，有了這樣的認知基礎，就能進一步地觀察自己在「想要控制」、「想要被認可／被愛」與「想要安全」時，會有什麼樣的感受。在這之後，就能由基本欲望這個層級開始進行無用能量的釋放了。

　　想想看：人在什麼時候才會「想要」？

　　我常舉一個例子：假設你想要一支最新的iPhone，那麼你就開始一有空就想著：「哇～如果我有iPhone該有多好，這樣我就可以……」，然後心智裡充滿著擁有iPhone之後的畫面。」不久之後，無論是買空機、去通訊行續約、還是別人送給你，你真的得到了一支iPhone。

　　想想看，什麼時候你才會說到：「我很想要一支iPhone……」這類的語句？

　　沒錯，就是在你「沒有iPhone」的時候。

　　從你擁有iPhone的那一刻開始，你說的會是：你用iPhone做了哪些事、安裝了哪些App，你會分享的是擁有了iPhone之後，你的生活哪裡變得更便利了。

　　你不會再使用「我想要……」、「我希望……」、「如果……那該有多好」之類的語句。

　　所以，人在什麼時候才會「想要」？答案是「沒有」的時候。或者更精準地說，是「認為自己沒有」的時候。

　　而所有的基本欲望也是一樣，源頭都來自於「認為自己沒有」。

　　那麼，什麼時候會產生「想要控制」的基本欲望呢？

　　當你認為：

　・情況已經失去控制。

或者，

‧情況不在你掌控當中，因此需要做些什麼的時候。

就會激起控制這個基本欲望。

「想要控制」的同義詞

當人們想做什麼時，是在展現自己的控制欲望呢？舉例來說：

‧想要改變……

‧想要搞懂……

‧想要操弄……

‧想要強迫……

‧想要修正……

‧想要……是「對」的

‧想要勝過別人……

等等。

請回顧並列出你曾出現過的、其實是在「展現控制欲望」的想法，你可以問自己：「當我在想要＿＿＿＿＿的時候，其實我是想要控制？」

_____

_____

_____

追求滿足控制欲望的方式

常見用來「控制」內在、外在世界的方式有：

- 大吼大叫。
- 與人冷戰。
- 羞辱他人。
- 忽略對方。
- 製造他人的罪惡感。
- 給對方他想要的東西（例如：安全感、認同、讚美等等）。
- 管制他人的必需品（例如：金錢等等）。

實 作 練 習

practice

你曾經用哪些方式來控制外在世界的人、事、物？把它寫下來：

_____

_____

_____

內在大掃除：控制欲望

這個練習的目的在於喚起並釋放出你過去曾壓抑的、源於控制這個基本欲望的無用能量。操作流程如下：

步驟1：坐下來，用你喜歡的方式放鬆肢體，開始把注意力集中在你的內在世界。

步驟2：在靜下來之後，試著回憶前一次你想要控制某人、事、物的

體驗。當時你看到什麼畫面？聽見哪些聲音？身體又有什麼感覺？

> **Note** 同樣地，別太用力去「想」，因為那可能會讓你的心智編造出更多的故事。只要對自己下個指令，例如：「我容許過去曾經想要控制的記憶與感受浮現出來。」然後繼續維持在靜的狀態，讓答案浮現出來即可。如果過一段時間之後沒有任何記憶或感受浮現出來，就繼續觀照下一個基本欲望。

步驟3：觀察自己對當時這個體驗有什麼感受，並且留一點時間去感覺那個感受。

步驟4：依序問自己：

「我有沒有能力放手，讓這個想要控制的感受離開？」

「我要不要放手，讓這個想要控制的感受離開？」

「我什麼時候要放手，讓這個想要控制的感受離開？」

如果有任何一個問句無法回答肯定的答案，那就再回到步驟2，重複操作，直到可以回答肯定的答案，才進入下一個問句。

步驟5：重複操作，直到你不再有想要控制某人、事、物的想法與感受為止。你可以用這個問句來確認──「我現在還想要控制_____（你原本想控制的人、事、物）嗎？」

 ## 基本欲望之二：被認可／被愛

同樣地，「被認可／被愛」的基本欲望是來自於對認可或愛的缺乏感。因此，通常當你：

・認為自己沒有被愛。

或者,

・沒得到應有的尊重或認可,因此需要做些什麼的時候,就會激起被認可／被愛的基本欲望。

「想要被認可／被愛」的同義詞

人們在什麼時候,是在展現被認可／被愛的欲望呢?舉例來說:

・想要被接受……

・想要被尊敬……

・想要被照顧……

・想要被注意……

・想要被瞭解……

・想要被喜歡……

・想要被稱讚……

等等。

請回顧並列出你曾有過的、其實是在展現「被愛／被認可的欲望」的想法,你可以問自己:

「當我在想要＿＿＿＿的時候,我其實是想要被愛／被認可?」

_____

_____

_____

追求滿足被愛／被認可欲望的方式

常見用來爭取外在世界的認可或愛的方式有：

- 當好人。
- 裝無助、裝可憐。
- 精心打扮自己。
- 依照社會標準過生活。
- 追求公認值得的目標。
- ……等等。

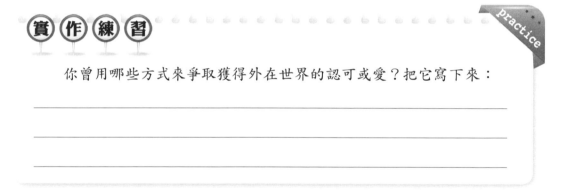

實 作 練 習

你曾用哪些方式來爭取獲得外在世界的認可或愛？把它寫下來：

_____

_____

_____

內在大掃除：被認可／被愛

步驟1：坐下來，用你喜歡的方式放鬆肢體，開始把注意力集中在你的內在世界。

步驟2：在靜下來之後，試著回憶前一次你「想要被認可／被愛」的體驗。當時你看到什麼畫面？聽見哪些聲音？身體又有什麼感覺？

步驟3：觀察自己對當時這個體驗有什麼感受，並且留一點時間去感覺那個感受。

步驟4：依序問自己：

「我有沒有能力放手，讓這個想要被認可／被愛的感受離開？」

「我要不要放手，讓這個想要被認可／被愛的感受離開？」

「我什麼時候要放手，讓這個想要被認可／被愛的感受離開？」

如果有任何一個問句你無法回答肯定的答案，就再回到步驟2，重複操作，直到你可以回答肯定的答案，才進入下一個問句。

步驟5：重複操作，直到不再有想要被認可／被愛的想法與感受為止。你可以用這個問句來做確認：「我現在還想要獲得_____（你原本想獲得認可或愛的對象）的認可或愛嗎？」

補充練習：讚許自己與認可自己

根據多年來的觀察，我發現「想要被認可」的心態是現代人一個非常大的罩門，單是社群網路與即時通訊App，如臉書、Line等的興起，就放大了人們「想要被認可」的欲望，更讓人們從一開始的偶爾受苦，到現在變成了幾乎無時無刻都會在意的「按讚數」與「已讀不回」夢魘。

以臉書來說，最基本的「按讚」這件事，就足以經常激起我們「想要被認可」的欲望。

想想看，當你分享了一張自己覺得很讚的照片時，卻只有零星幾個讚……

或者是，這次你花了很多的時間、精力，寫了一篇你認為根本是絕世好文的文章，在PO上去塗鴉牆之後，卻還是沒幾個人按讚，這時你會有什麼感覺和想法？

相反地，當你PO了一篇文章，結果短時間內突然一堆人按讚了，這時你會有什麼感覺和想法？

如果你會因此感到失落或興奮，這都是「想要被認可」的基本欲望在作用。

但是現在你已經知道，如果想要獲得心靈的平靜，那便是你該斬除、而不是去餵養的東西。

一年前我曾碰到一個事件，現在事後回想起來，還蠻有意思的。

那時候，出現一個勉強算是同行的講師，他在FB上貼文攻擊我。而攻擊的其中一點是，說我的FB頁面經營得零零落落，只有一咪咪人按讚，而他的頁面有多少人追蹤、每篇文章會有多少人「按讚」等等……諸如此類的敘述。

他的意思是：我的FB頁面不夠多人按讚，我不夠資格當講師，他才足夠資格的意思。

於是，我就做了個實驗。

我稍微研究了在FB上PO什麼樣的文章可以得到很多的讚，然後在之後的一個禮拜內就依照那些準則PO了一些文章。

結果，有好幾篇的讚數比那位老師最多讚數的文章還多。

實驗結束，我和我太太說：「這有很難嗎？不知道他是在囂張什麼耶@..@。」

之後我就沒有繼續玩「盡量取得更多讚數」的遊戲了，因為我很清楚地知道，在FB上那些按你「讚」的人，有百分之九十以上並不是真的覺得你寫的文章、貼的圖很「讚」……而是等同於「到此一遊」、「我有看到喔～」、「閱。」的意思。

只要你仔細觀察，就會發現FB很多時候都是充斥著「炫耀」和「討拍拍」能量的地方，你得記得：

「人很難在錯的地方，做對的事情。」

所以，如果你想要心靈平靜一點，那麼最好不要沒事找麻煩，將自己丟在這種「想被認可」的基本欲望會被無限放大的地方（不只是臉書）。

此外，在「釋放法」之中，有一個我測試過非常好用的小撇步，對於

解決因「想要被認可」而苦的人們，能有很大的幫助。

那就是：**自己給自己認可**。

是的，你沒看錯，如果你一時之間還無法直接釋放、丟棄掉「想要被認可」欲望的話，那麼有一個階段性的折衷方式，就是由你自己給予自己想要的「認可」。

後續會說明如何做到這件事。在那之前，請先試著想想：

・如果你就能滿足自己想被認可的欲望，人生會不會變得比較輕鬆、比較簡單一點？

・如果你不會為了得到別人的認可，而強逼自己去做那些你根本不喜歡、甚至不在意的事情，你會是如何？

・如果你不再需要為了得到他人的幾句讚許，而去拚死拚活地達成一些你其實沒那麼想要的目標，你會是如何？

・如果你自己就能給予自己內在渴望的愛，從此不再對人索愛，而能有滿滿的愛給予他人，那麼你又會是如何？

這些都是可以做得到的，只要你能釋放掉「想要被認可」的欲望。

如果在目前這個階段，你覺得要直接釋放這個基本欲望有難度，那麼你可以先從「給自己認可」開始。

而最簡單的方式就是：在閉眼、深呼吸、放鬆、進入你的內在世界之後，問自己：

「我能不能給自己一點讚許？」

「我能不能給自己一些認可？」

「我能不能給自己愛的能量？」

如果你是屬於感覺型的人，那麼也許光是問自己這些問題，就能讓你

連結到讚許、認可、以及愛的能量上。

你會發現，你真的可以自己給予自己，而不需要往外去索求。

我自己是較邏輯型的人，所以一開始嘗試這個方法時，有一段時間總覺得不得要領。後來，我發展出一個適合我自己的流程方法。

我意識到自己「想要被認可」，要開始進行這個「給自己認可」練習的時候，除了問自己：「我能不能給自己一點讚許？」之外，我同時會在想像的世界裡描繪另一個「我自己」……

我會想像他走向我、拍拍我，說：「幹得好。」

這時，我通常會感覺內在的能量提升了一些。

然後我會再做一次，再描繪一個自己，他走向我、摟著我的肩膀說：「辛苦啦～做得很棒。」

我會重複幾次，直到我能抓到「給自己認可」感覺的時候，就會再增加我在這個想像世界中的「影分身」人數。甚至會想像自己站在舞台上，台下有好幾千個我自己都在對著我鼓掌歡呼。

這麼做一段時間之後，總會覺得內在能量滿滿，並且不再在意是否能得到外在世界任何人、事、物的認可了。

你也可以試試看。

順道提醒你一件事：

在我傳遞「釋放法」的過程當中，常有學員會問我：「我……這樣對嗎？」「我……這樣可以嗎？」這種句型的問題。

而我的答案永遠是：

請切記，「方法」是達到目標的途徑，你應該專注、甚至執著的是如何能有效且有效率地達成你想要達到的目標，而不是執著在方法的正確性上；同樣地，「釋放法」是種方法、是達到你的目標的途徑，你該專注的是如何真的釋放掉內在的無用能量，進而達到你學習釋放法之初的意圖，

而不是執著在什麼是「對」的釋放法上。

在學習「釋放法」的過程中，沒什麼是「不對」或「不可以」的，只要你知道自己有釋放出來，那就是對的、都是可以的、都是好的。

只要抓住「釋放法」的核心觀念，你也可以和我一樣，再延伸發展出適合你自己的方法。

如果你有找到對你來說很有效的小撇步，也別忘了和我、以及其他也在這條路上的同學們分享喔！

 # 基本欲望之三：安全

同樣的，對安全的基本欲望，是來自於誤以為自己並不安全、或必須要做些什麼才能確保自己的安全與生存。

通常當你認為自己受到挑戰或威脅，而覺得自己不安全或可能無法繼續生存，因此需要做些什麼的時候，就會激起對安全的基本欲望。

「想要安全」的同義詞

人們在什麼時候，是在展現自己對安全的欲望呢？舉例來說：

・想要報復／反擊。

・想要自我防衛。

・想要保護自己或他人。

・想要攻擊別人。

……等等。

請回顧並列出你曾有過的、其實是在展現對安全／生存的欲望的想法，你可以問自己：

「當我在想要＿＿＿＿＿的時候，我其實是想要安全？」

＿＿＿＿＿＿＿＿＿＿＿＿＿＿＿＿＿＿＿＿＿＿＿＿＿＿＿＿＿＿

＿＿＿＿＿＿＿＿＿＿＿＿＿＿＿　＿＿＿＿＿＿＿＿＿＿＿＿＿＿

＿＿＿＿＿＿＿＿＿＿＿＿＿＿＿＿＿＿＿＿＿＿＿＿＿＿＿＿＿＿

追求滿足的安全欲望

常見用來讓自己獲得安全感的方式有：

· 聽從內在的恐懼。

· 拖延、避免做決定。

· 存一堆錢。

· 避免冒風險。

· 保持低調。

· 尋求高層力量的庇護。

……等等。

實作練習

你曾用哪些方式來爭取獲得安全感？把它們寫下來：

_____

_____

_____

內在大掃除：安全

步驟1：坐下來，用你喜歡的方式放鬆肢體，開始把注意力集中在你的內在世界。

步驟2：在靜下來之後，試著回憶前一次你想要安全的體驗。當時你看到什麼畫面？聽見哪些聲音？身體有什麼感覺？

步驟3：觀察對當時這個體驗有什麼感受，並且給自己一點時間去感覺那個感受。

步驟4：依序問自己：

「我有沒有能力放手，讓這個想要安全的感受離開？」

「我要不要放手，讓這個想要安全的感受離開？」

「我什麼時候要放手，讓這個想要安全的感受離開？」

如果有任何一個問句無法回答肯定的答案，那就再回到步驟2，重複操作，直到可以回答肯定的答案，才進入下一個問句。

步驟5：重複操作，直到想著那段體驗時，你不再有想要安全的想法與感受為止。

Note 在進行三大基本欲望的內在大掃除時，請注意，即使你直覺認為某個基本欲望對自己而言不太是問題，這並不代表你內在就沒有關於那個基本欲望的無用能量存在著。因此，我建議對這三大基本欲望都投資足夠的時間，好好探索一下自己內在的狀況並釋放。

最有效率的無用能量釋放方式

除了釋放過去壓抑的無用能量之外,你同樣也可以針對當下產生的感受,由基本欲望這個層級來釋放;由於直接連結到一切無用能量的根源,因此這也是最根本、最有效率的方式。

進行基本欲望層級的日常維護時,流程如下:

步驟1:坐下來,用你喜歡的方式放鬆肢體,開始把注意力集中在你的內在世界。

步驟2:觀察你在這個當下的感受,給自己一點時間去感覺那個感受。

步驟3:問自己:「對我而言,這個感受是來自哪一個基本欲望?」

> **Note** 你可以一個個問自己:「是來自想要控制嗎?」、「是來自想要被認可或被愛嗎?」、「是來自想要安全嗎?」然後看你直覺認為這當下的感受是來自哪一個基本欲望。再次提醒:用你的心而非腦袋來回答——聽你內在的答案,別用想的!

步驟4:依序問自己:

‧我有沒有能力放手,讓這個想要(控制/被認可/安全)時的感受離開?

‧我要不要放手,讓這個感受離開?

‧我什麼時候要放手,讓這個感受離開?

如果有任何一個問句無法回答肯定的答案,那就再回到步驟2,重複

操作，直到可以回答肯定的答案，才進入下一個問句。

步驟5：重複操作。

 Note 多觀察並記錄自己在釋放掉對控制、被認可／被愛，以及安全之後，內外在的改變。

想像一下，如果你能完全釋放掉對「控制」、「被認可／被愛」以及「安全」的欲望，你的人生會變成什麼樣子？放心，你不會變成沒血沒淚、沒感覺的冷血動物；事實上，你可能會：

‧永遠都感覺很放鬆、覺得萬事萬物都在一個完美韻律的掌控當中，一切盡皆完美，沒有什麼是需要改變的。

‧無論有沒有來自外界的認可或愛，都同樣自信自在，知道自己一直都在愛之中──自己就是愛。

‧發自內心確知自己無時無刻都會被宇宙照顧得很好，沒有任何人、任何事、任何東西能對你造成威脅，影響你的安全。

容我再提醒一下：「不要相信、也不要不相信你聽到的一切，用你的親身經歷去驗證看看。」

超強有效的內在清理程序

「內在清理程序」是瑟多納釋放法中另一個非常強大的工具，特別適用於從根本釋放掉過去曾逃避或壓抑的，對某個特定對象的無用能量。

在一開始，這個工具是僅供當時的釋放法講師或諮詢師們使用的。由於萊斯特・雷文森非常瞭解對講師或諮詢師而言，能否在上台講課或提供個人諮詢之前，釋放掉對學員或諮詢對象的無用能量，會直接影響到他能為對方提供的幫助。所以，為了讓講師與諮詢師們能在上課或諮詢前、中、後時都能有效率地清除內在的無用能量，他特別設計出「內在清理程序」這個工具。

後來，因為萊斯特認為這套工具應該公諸於世造福更多人，所以現在你也有機會學到這套威力強大的工具。

這個工具一開始之所以僅限於講師與諮詢師使用，部分原因是因為它屬於進階法，會需要對基本的釋放練習抓到訣竅和感覺之後，才比較容易上手。

因此，我會建議學員先從基本的釋放練習操作起，待真的抓到「釋放」到底是什麼感覺之後，再開始學習與操作這個工具。

 ## 運用「內在清理程序」能帶來什麼好處？

在萊斯特・雷文森開始往內在找答案時，他問自己很多問題，例如：「人生如此掙扎，也不過是為了一點點快樂而已。」

他進一步去想，那到底「快樂」是什麼？人到底要怎麼做才能真的快樂？

他開始回想至今四十二年的生命中，有沒有哪段時間是快樂的？他發現，當他實現一些成就時，那種感覺好像不錯，那種感覺就是「快樂」嗎？後來他否決了這個答案，因為無論是他拿到獎學金，還是事業上達到什麼成就，那種「不錯的感受」總是過不了多久就消失了。

他繼續探索，又得到了另一個答案——「快樂來自於被愛」。因為他發現好像只要身邊有愛他的女性時，就會有種愉快的感覺，這時他產生了一個理論，把它寫成公式的話，是：

「快樂」＝「被愛」

他又進一步去思索：如果這個理論正確的話，那我現在快樂嗎？答案顯然是否定的，那麼如果上面這個公式是正確的，公式會變成這樣：

「我現在不快樂」＝「我現在沒有被愛」

他問自己：「那我現在沒有被愛嗎？」

他發現這也不是事實，有家人愛他——他生病時，家人很擔心，他能保住性命、平安出院時，家人都非常高興；有朋友愛他——他有很多交情好到可以兩肋插刀，任何事情只要一通電話就會有人願意幫忙的朋友；也有很多女人愛他——只要他開口，有不少女性都會願意嫁給他⋯⋯

結論是：「快樂來自於被愛」這個公式並不成立，他只得繼續思索。

他又想，如果快樂不是來自於被愛，那有沒有可能快樂來自於「去愛」？他覺得這個理論似乎挺有道埋，他回想過去自己四十二年的人生中，有沒有什麼他去愛別人的經驗？

他想到了中學參加了某個營隊，有個同學搭帳篷一直搭不起來，那時

他自告奮勇地幫忙，兩人一邊嬉鬧、一邊搭帳篷，對他來說，想起那個回憶時，感覺真的很快樂；他繼續回顧過往的人生，發現無論對象是誰，只要他去愛——不求回報地為人付出時，他都覺得很快樂。

「快樂來自於『去愛』」這個理論，越來越不再只是個理論。

他又想：「那如果我能把過去我沒有在愛的那些狀況，全部轉換成『愛』的話，那會發生什麼事？」這個題目讓他振奮起來，他準備開始做實驗。

做實驗總要有對象，當他問自己要從誰開始時，第一個浮現出來的，就是他的主治醫師。他想著那位醫生，問自己：「我能夠愛他嗎？」這時湧出來的是強大的憤怒。他說：「我才不要，他太可惡了！把我救活了之後又告訴我幫不了我，要我出院，他們只是不想看到一個醫治失敗的作品一直出現在他們眼前而已。」

不過他沒有這樣就放棄，他不斷地重複問自己：「我能去愛他嗎？」得到的答案總是：「不行，他不值得我去愛。」雖然總是得到否定的答案，但他卻發現很奇怪，內在對那位醫生的憤怒似乎隨著每一次自問：「我能去愛他嗎？」而越來越減弱。一直到了某一刻，他的內在浮現一個聲音說：「重點不是他值不值得你去愛他，而是你能不能做到。」

從這時開始，萊斯特釋放的速度加快了，又過了一段時間，當他再繼續練習時，突然間，他能感同身受那位醫生內在的狀態——一位六、七十歲的老醫生，要對一位正值壯年的年輕人宣告他的人生已經完了的那種掙扎，以及自己對眼前的病患束手無策的那種遺憾，種種的感受都浮現在萊斯特的心中。

這時候，萊斯特流下眼淚，他在心裡對那位醫生說：「醫生，你這個混蛋……我愛你。」

從那之後，萊斯特再度對過去四十二年人生中所能找得到的所有沒有

「愛」的記憶做同樣的功課，他將所有沒有在「愛」裡的都轉換成愛。

這樣操作之後，他發現自己內在的能量越來越強大，強大到他每天只需要睡一小時，仍能精神奕奕繼續進行內在的探索；甚至有時候能量強到他無法靜靜坐著，還得出門去快走，一直到消耗掉能量之後，才能夠回家坐下來繼續進行內在的功課。

就這樣經過了兩三個月，他赫然發現一件事：自己還沒有死。醫生原本宣判他只剩兩三個月時間可活，但他不僅還沒有死，反而發現自己變得比過去四十二年的任何時刻都要來得健康。

所以，只要你也能把過去所有沒有在「愛」的狀況都轉換為愛，你的內在狀態也會和萊斯特一樣不斷往上提升，你會越來越喜悅、越來越快樂；而外在世界是內在世界的映照，當內在狀態提升時，外在的無論是物質財富、健康、關係等任何部分也都會自然而然變得越來越和諧、越來越完美。

 ## 什麼是真正的愛？

萊斯特‧雷文森這樣描述過真正的愛：

「愛是一種給予時沒有一絲想得到任何回饋的念頭的感受。」

「愛就是接受。」

「愛就是容許對方擁有他想要的一切——即使那是你無法提供給對方的。」

「愛就是沒有附加條件的付出。」

「真正的愛是能愛對方是的任何樣子。」

「一個人需要另一個人，誤以為那就是愛；事實上當一個人真正在愛

時，絕不會執著或綑綁住另一個人。」

「幾乎每個人都誤把虛幻我（ego）得到的認可當成愛，也因為那並不是真正的愛，所以無法帶來滿足，結果使得一個人一直需要或要求得到認可，如此只會帶來更多挫折。」

使用「內在清理程序」，就可以幫助你自己釋放掉過去壓抑或逃避的無用能量，讓你能把它轉換為「愛」。

 ## 「內在清理程序」的操作方式

放鬆你的肢體，閉上眼睛，把注意力集中在內在世界，並在心裡「看見」你要做內在清理的對象的樣貌。

步驟1：釋放控制

（1）問自己：「他曾經試圖要控制我嗎？」並以直覺誠實回答。

（2）問自己：「我曾經試圖要控制他嗎？」同樣以直覺誠實回答。

（3）問自己：「在這一刻，我能否容許他是他『是』的這個樣子？」

重複問自己這三個問句，直到你對第3個問句能回答「可以」為止，你就可以進入下一個基本欲望「被認可／被愛」；反之，如果答案是否定的，就再回到問題1重複操作，直到對問題3能回答肯定的答案為止。

步驟2：釋放被認可／被愛

（4）問自己：「他有不喜歡或不認同我的什麼部分嗎？」並以直覺誠實回答。

（5）問自己：「我有不喜歡或不認同他的什麼部分嗎？」同樣以直覺誠實回答。

（6）問自己：「在這一刻，我對他是否只有愛的感受？」

重複問自己這三個問句，直到你對對方只有愛與接受的感受為止；當第三個問題能回答肯定的答案時，你就可以進入下一個基本欲望「安全／生存」；反之，如果答案是否定的，就再回到問題4重複操作，直到三個問題能回答肯定的答案為止。

步驟3：釋放安全／生存

（7）問自己：「他曾經挑戰、反對或威脅過我嗎？」並以直覺誠實回答。

（8）問自己：「我曾經挑戰、反對或威脅過他嗎？」同樣以直覺誠實回答。

（9）問自己：「在這一刻，我對他是否只有安全與信任的感受？」

重複問自己這三個問句，直到你對對方只有安全與信任的感受為止；當三個問題能回答肯定的答案時，就可結束內在清理程序；反之，如果答案是否定的，就再回到問題7重複操作，直到問題都能回答肯定的答案為止。

在完成針對控制、被認可／被愛與安全做內在清理的三大步驟之後，再次在心中描繪你要做內在清理的對象，盡可能清楚看見他是的樣子，然後觀察你現在對這個人的感覺，如果發現還有愛／接受以外的感受存在，就再回頭操作這三大步驟；如果發現確實只有愛／接受的感受，那就容許自己去感覺那種感受，給自己一點時間完全沉浸在愛／接受的狀態當中。

瑟多納釋放法的六個步驟

為了把「釋放」這件事的前提與進程歸納出來，成為一個簡單易於瞭解、能按部就班去操作的系統，萊斯特・雷文森在一九七四年時整理出六個步驟。

內容是：

一、你想要解脫自在（或實現你的目標）的程度，必須高於你想要控制、想要被認可或想要安全的程度。

二、決定你可以釋放，並達到解脫自在的境界（或實現你的目標）。

三、瞭解一切的感受都可歸結到三個基本欲望：對被認可、控制與安全的欲望。要觀察到這一點，並立刻釋放掉對控制、安全與被認可的欲望。

四、持續不斷進行釋放。無論在獨處或與他人同在時，都不斷釋放對被認可、控制以及安全的欲望。

五、如果釋放時遇到瓶頸，就釋放想要改變這個狀況的欲望。

六、每一次的釋放，都會讓你越來越輕鬆、越來越快樂；如果你繼續釋放，就會更輕鬆、更快樂。

現在讓我依序說明一下這六步驟的重點：

一、你想要解脫自在（或實現你現階段的目標）的程度，必須高於你想要控制、想要被認可或想要安全的程度。

無論你現階段想要的目標是實現某個願望、解決某個難題、找到內在缺漏的什麼、還是想要在靈性層次上獲得提升，要達成目標的方向都是一

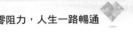

樣的：你得要釋放掉內在的無用能量。

　　而如果你對實現你目標的渴望程度，沒有高於你想要對「安全」、「控制」、「被認可／被愛」三大基本欲望的程度的話，那麼「釋放」這件事就不可能發生——你會繼續死抓著無用能量不肯放手，無論引導問句重複多少次，都無法釋放。

二、決定你可以釋放，並達到解脫自在的境界（或實現你的目標）。

　　這一步驟最前面兩個字是非常大的重點：「決定」。也許你在這一刻之前都無法釋放某個無用能量，但即使如此，你仍要能清楚認知一件事：釋放不掉，只是因為你基於某些莫名其妙的理由，做了「我不要放手，讓這股無用能量離開」的決定而已；你既然可以決定抓著不放手，當然也可以決定放手，讓它離開。

三、瞭解一切的感受都可歸結到三個基本欲望：對被認可、控制與安全的欲望，並立刻釋放掉對控制、安全與被認可的欲望。

　　這個步驟也是釋放法的核心。雖然從感受或情緒狀態的層級釋放內在無用能量，也會讓你感覺輕鬆愉快一些，但最根本、也能最有效率地讓你回歸到本來面目的，仍是釋放掉三大基本欲望。

四、持續不斷釋放。無論在獨處或與他人同在時，都不斷釋放對被認可、控制以及安全的欲望。

　　如果你期望學完瑟多納釋放法之後，不必做任何事內在的無用能量就會自己消失的話，那麼你肯定要失望的。瑟多納釋放法是一套實用的方法，而不是神奇的魔術；要讓它發揮效果，就得要開始養成使用它的習慣才行。如果你希望它能發揮最大的效果與效率，那麼就得要進一步做到兩

個字：「持續」；如果你在「有空時」才釋放個幾分鐘，卻希望能很快地把過去幾年、甚至幾十年累積的無用能量清除乾淨，那是完全不切實際的期望。

五、如果釋放時遇到瓶頸，就釋放想要改變這個狀況的欲望。

「我釋放好久都釋放不掉這個感受耶！怎麼辦？」這是我最常被問到的問題之一，六步驟中的這一步就提供了最簡單卻也最有效的解決方式。

每當你在釋放上碰到這類瓶頸時，就問自己：

「我想要改變這個＿＿＿＿＿的狀況嗎？」（例如，「我想要改變這個『釋放好久都釋放不掉』的狀況嗎？」）

然後去感覺那個「想要改變……」的感受，接著問自己：

「我有沒有能力放手，讓這個感受離開？」

「我要不要放手，讓這個感受離開？」

「我什麼時候要放手，讓這個感受離開？」

再問自己：「我還想要改變這個狀況嗎？」如果還是想改變，那就再重複操作這個程序，直到你不再想改變這個狀況為止。

你會發現，當你不再想改變遭遇到的瓶頸時，瓶頸永遠都會很神奇地自然消失。

六、每一次的釋放，都會讓你越來越輕鬆、越來越快樂；如果你繼續釋放，就會更輕鬆、更快樂。

第6步驟與其說是個步驟，不如說是萊斯特為瑟多納釋放法提供的承諾：只要你願意釋放，你就一定會越來越輕鬆、越來越快樂；而只要你在嘗到點好處後沒有就此打住，願意持續釋放，那麼你的狀態就能繼續不斷提升。

雖然目前為止你在這本書裡讀到了不少內容，但就釋放無用能量的方法而言，你在知識層面需要具備的瞭解，可說都包含在這六步驟之中了。所以，**瞭解六步驟，就瞭解了關於瑟多納釋放法觀念上需要知道的一切。**

建議在每天操作瑟多納釋放法的過程中，經常拿出這六步驟來複習一下各步驟的重點。這樣做有兩個好處：

1. 你可以從中提醒自己在無用能量釋放這部分，有哪些地方還可以再加強，以及該如何加強。
2. 如果你在釋放時有遇到任何問題，自己就可以很快得到答案。

「一般認知的快樂」與「真正的快樂」的差別在於，
當你達到「真正的快樂」時，
會是一種恆久不滅、沒有任何缺憾的喜樂；
而一般世俗認為的快樂則是短暫的，
過一段時間就會減弱、消失，
而你會一直在追求快樂的循環中，無法脫身。

SEDONA METHOD

Part 3

運用瑟多納釋放法
創造你想要的

你真正想要的是什麼？

　　如果去分析每個人現在正在追求的東西，就會發現，其實每個人都在尋求「真正的快樂」。

—— 萊斯特‧雷文森

　　現在，如果你有一次許願的機會，而且無論許什麼願望，只要敢說出來，它就會實現，你會許什麼願望呢？

　　在物質財富、健康、人際關係等領域，你有什麼問題希望能解決？

　　想要成為什麼樣的人？

　　希望能去體驗哪些事情？

　　希望擁有哪些東西？請把它寫下來。

_____

_____

_____

_____

_____

_____

　　無論你寫下來的是什麼，讓我告訴你一個事實——其實你「真正」想要的並不是那個。

　　無論你做什麼、想要什麼，其實你真正想要的東西非常簡單，只有兩個字而已：「快樂」。

　　萊斯特‧雷文森在說到這個「快樂」（Happiness）時，總會補充說：「是大寫H」，他的意思是「真正的快樂」。

　　「一般認知的快樂」與這個「真正的快樂」，其中一個很大的差別在於，當你達到這個「真正的快樂」時，會是一種恆久不滅、沒有任何缺憾的喜樂；而一般世俗認為的快樂則是短暫的，過一段時間就會減弱、消失，而你會一直在追求快樂的循環中，無法脫身。

　　或許你已經皺起了眉頭，懷疑：「真是這樣嗎？」

　　不要相信，也不要不相信你聽到的任何東西，讓我們來驗證看看。

　　無論你寫下了什麼，現在請隨意挑一則，然後問自己：「我為什麼想要這個？」然後，再針對你的回答問：「我為什麼會想要這個？」……以此類推。

　　你會發現，無論是誰、現在想要的是什麼，只要這樣問下去，最後的答案都必定會是：「因為這樣，我會比較快樂」。

　　舉個實例，有一次我在「人生零阻力」的課程中引導這個過程時，有位學員說他目前最想要的是——「每個月有十萬元以上的收入」。

　　我問：「你為什麼想要每個月十萬元以上的收入？」

　　他回答：「因為這樣不只可以付清所有款項，還會有剩餘。」

　　我又問：「那你為什麼會想要能付清所有款項，而且還希望會有剩餘？」

　　他說：「因為這樣比較有安全感。」

　　我再問：「那你為什麼希望有安全感？」

　　他說：「因為不用為錢擔心，心裡會感覺比較舒服。」

　　所以，他真正想要的其實不是每個月十萬元以上的收入，而是為了讓

自己「感覺好一點」；也就是說，他真正追求的，其實是「快樂」這個東西。

你也可以試著驗證看看，不斷地問自己：「我為什麼會想要這個？」你會發現，無論自己目前的重心是想要「心想事成」，吸引來自己想要的財富、關係、健康，還是想要做慈善、幫助別人，甚至於四處求道、追求靈性成長，其實背後的根本動力都只有一個——「追求快樂」。

大部分的人都犯了非常根本的錯誤，以為自己要找的這個「快樂」是來自於「外在世界的人、事、物」。

人們常認為當自己達到某個身分、地位時，就會快樂；當自己有足夠的金錢、時間去做想做的事情時，就會快樂；當擁有的物質、財富，達到某種程度以上時，就會快樂；當健康滿分時，就會快樂；當自己受到大家喜愛時，就會快樂。

如果你回顧自己過往的經歷，就會發現那樣的快樂都不長久，當你達到某個目標、實現某個願望，在短暫的喜樂消散之後，你總是會想：「好像也就只是這樣而已，然後呢？」

如果靜下來仔細觀察，就會發現——你一直都在沒有答案的地方找答案。

如果答案不在外在世界的有形事物中的話，那麼「有答案」的地方在哪裡呢？萊斯特‧雷文森是這麼說的：

如果你經歷得夠多、活得夠長，而且有仔細地檢驗過，那麼你一定也會發現這件事：我們長久以來認為存在於外在世界之中、也一直在那裡尋找著的那份喜樂，其實並不在那裡。只有往內在去找，才能找到這個「真正的快樂」。

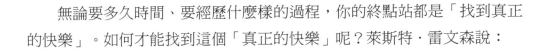

　　無論要多久時間、要經歷什麼樣的過程，你的終點站都是「找到真正的快樂」。如何才能找到這個「真正的快樂」呢？萊斯特‧雷文森說：

　　　　當我們找到「神」——也就是我們的「真我」（Self）時，也就能找到最終極的喜樂；當我們去尋求並找到完整的真理、絕對的真理時，同樣也會找到最終極的喜樂。那也是最崇高的善，而最崇高的善也就是最終極的喜樂。每個人都在尋求得到解脫，而完全的解脫也一樣是那最終極的喜樂。

　　　　所以總歸說來，無論是「神」、「善」、「真理」、「解脫」、「自在」還是「真我」，其實說的都是那終極的喜樂；而每個人都正在尋找著這個「神」、「善」、「真理」、「解脫」、「自在」或「真我」，無一例外。

　　　　人們彼此之間的差別，只在於：有些人是有意識地、在能找得到終極喜樂的地方尋找著，因此變得越來越快樂；而有些人則是盲目地在有形世界中尋尋覓覓，因此越追尋越沮喪。

　　透過這些文字，我們知道真正的答案並不在外在有形世界，而是存在於我們的內在世界，你心裡也許會浮現和許多人一樣的想法：「很多人都這麼說，我也能認同，可是……我到底要怎麼做呢？」

　　萊斯特‧雷文森如此說：

　　第一個重要步驟是，要建立對「我們是一切物質（包括身體）的主人」這件事的認知。

　　接下來第二個重要步驟則是「要成為心智的主人」。在我們真正能掌控自己的心智之後，也就能完全丟掉心智，而進入全知的境界。此時，我們會完全覺悟到自己是什麼樣的無窮存在，也會進入到終極的喜樂狀態。

　　那麼，又要如何才能做到這兩個步驟呢？

你應該成為你世界的主人

　　讀完前一章關於「你真正想要的是什麼」之後，你有什麼感覺呢？

　　如果你目前在物質財富、身心健康、或者人際關係、親密關係等方面有迫切想實現的願望或想解決的問題，你的想法可能會是：「又是唱高調，我快看不下去了。」

　　我完全能體會。

　　如果你在我經歷那段「人生黑暗期」的過程中，跑來對我說：「沒關係啦！反正你真正要的也不是那些東西，而是『真正的快樂』。所以，不用太在意有錢沒錢的問題。因為，你知道，就算有錢也沒辦法為你帶來『真正的快樂』……」就算我能忍住想一拳往你臉上搥下去的衝動，我也會回說：「聽好，我不知道有錢會不會快樂，我只知道現在沒錢讓我非常不快樂！」

　　「如果終點是『真正的快樂』，而且這個真正的快樂無法在在有形世界裡找到，那意思是我們不該追求有形世界裡的東西嗎？」你可能也會有這樣的疑問。

　　答案是：當然不是。事實上：你應該成為你世界的主人

三個主要原因

　　雖然你真正要追尋的並不是有形世界裡的任何東西，在有形世界裡成為任何一種人、做任何事情、擁有任何東西，也都無助於你得到真正的快樂；但是，在追尋、回歸真我，以得到真正的快樂的旅程中，你應該先尋求「讓你成為你世界的主人」，主要原因有以下三項：

· 有更多的時間、空間與能量關照內在世界。

· 在過程中驗證你相信並認同的一切。

· 成為你心智的主人。

這三項也正是萊斯特·雷文森建議在運用瑟多納釋放法清除你內在的無用能量時，以某個你很想實現的願望作為誘因的原因。

現在就讓我逐一說明這三個原因：

一、有更多時間、空間與能量去關照內在世界

想像一下狀況A：你既沒錢，又欠了一屁股債，成天腰酸背痛，三不五時生病，還很顧人怨，和所有的親友關係都不好。

再想像一下狀況B：你擁有充足的物質財富，你身體健康、充滿活力，和每一個親人、朋友的關係都和諧又充滿愛。

試著比較這兩種極端的情況，你認為在哪一種情況下比較可能有心思和力氣去往內在世界追尋？哪一種情況下比較會願意投資時間，坐下來釋放內在的無用能量？

當你把你的有形世界塑造得更加和諧時，就不需要耗費太多注意力在上面，當你不需要花太多注意力關注外在世界時，自然就會有更多的空間和注意力去關照內在世界。

二、在過程中驗證你相信並認同的一切

我一直不斷地強調，不要相信，也不要不相信你聽到的任何東西，而是要用你的「親身經歷」去驗證看看。唯有你自己能做到的事，你才算是真正的「知道」，否則就只是道聽塗說，人云亦云而已。

萊斯特·雷文森自己就是這種科學思維與作法的實踐者，每當他又得

到任何來自內在真我的體悟時，都會先把它視為理論，然後發想一些實驗方式，透過實驗來驗證。在驗證自己的體悟為真之後，他才會將這些體悟傳遞給需要或想要這些資訊的人們。

在有形世界中設定願望、實現願望，真正成為「你的世界」的主人的過程，是驗證你所聽、所學、所認同的各種觀念正確與否的最佳機會。

所以，如果你現在在有形世界中有想要實現的願望、目標，或者想要解決的問題，就請專注去實現或解決它，別有「追求在有形世界心想事成，層次好像比較低」的錯誤觀念，因為在有形世界中創造任何事物，也是一種靈性活動。

外在世界是內在世界的映照，你的內在會需要提升到豐足、和諧的狀態，有形世界中各個領域也才能變得更加豐足、和諧。

三、成為你的心智的主人

心智就只是你一切思想的總和而已，而一切思想都是限制性的觀念。如果你我當中有人能在此時此刻停下來不再思想，並且維持這樣的狀態，那麼這人從此刻開始就能成為不受任何限制的存在；真的就只有這麼單純，然而這並不一定容易做到。

──萊斯特‧雷文森

最近幾年在《祕密》引領的風潮之下，「吸引力法則」被越來越多的人瞭解。簡單來說，吸引力法則說的就是「你在人生中所經歷、體驗的一切，不論是好是壞，都是你自己藉由你的思想創造出來的。」再更簡化一點，就是「思想，造就有形世界」。

　　既然你的思想造就你的世界，那麼如果要成為你的世界的主人，就會需要能管好你的一切思想——也就是要成為你心智的主人；這是要在有形世界裡成功的最大基礎，想要實現你的願望，就得要能完全掌控自己要想什麼、不想什麼，透過這樣的方式與吸引力法則等宇宙律協調一致才行。如果你朝這個方向追求願望實現，在過程中你就必然會逐漸成為你心智的主人。

　　這有什麼好處？

　　到那時，因為你恢復了主人的身分，身為主人，當然可以命令僕人做事。所以，當你成為心智的主人時，你除了可以指揮你的心智，要它在有形世界中創造出你要的經歷、體驗之外，更好的是，當你覺得玩夠創造遊戲時，只要一聲令下，告訴心智說：「安靜！」就可以讓你的心智安靜下來。

　　那時，你就能做到萊斯特・雷文森說的第二步驟，得到你真正要追求的——回歸真我，找到真正的快樂。

凱迪拉克的實驗

　　在四十二歲的那個轉捩點之前，萊斯特・雷文森從事過非常多的行業，每個行業都發展得很好，但奇怪的是，只要到了某個時間點，一定會有某件事的發生導致他的事業出狀況，在欠了一屁股債之後，他總會在別的行業另起爐灶，再成功，接著又搞砸……如此循環。

　　他一直覺得很奇怪，甚至認為這個世界在和他作對。

　　他將自己隔絕起來，進行內在探索時，他發現自己自始至終在追求的，其實都是「真正的快樂」這個狀態。

　　但是他犯了很大的錯誤：他認為把事業發展得很成功的「成就感」，

就是自己要找的那個「快樂」。當他實現了目標之後，卻發現自己並不如預期的快樂，他的潛意識便對這個事業失去興趣，因此會創造出一些把事業搞砸的狀況；而在搞砸的過程當中，產生了更多痛苦，這時候他又想念起創業成功時的成就感——至少感覺好一點。然後，他又會再開創另一個事業，如此地不斷循環。

當他體悟到這些之後，他說：

> 　　更重要的是，我體悟到——我總誤以為過去發生在我身上的一切，都是這個世界在和我作對，但是其實，真正要對這一切負起全部責任的，是我自己。

發現這一點讓萊斯特・雷文森得到非常大的解脫，因為這讓他知道：

· 其實自己並不是個受害者。

· 其實自己有能力讓這個世界成為自己想看到的樣子，而不是只能被動地承擔結果。

· 從這一刻起，主導權回到他自己手上，他可以隨自己的意思安排自己的人生。

此外，他也體悟到不論是任何思想都一定會在有形世界裡實體化，只是早晚的問題。他進一步想到，只要將這個流程逆轉，就可以在有形世界裡創造出自己想要的一切。他說：

　　我發現任何發生在我身上的事，在發生之前，我確實都曾經想過它會發生；這代表的意義是：如果我能抓住這個概念，然後找到能運用它的方法，那從此之後我就可以有意識地決定接下來要讓什麼事發生在我自己身上！

　　我很喜歡萊斯特·雷文森教導的原因之一，是因為他有著科學思維的人，他告訴我們：「你不該相信我們說的任何東西，而是要透過讓你自己擁有更大的財富、覺得更快樂、變得更健康，來證明這些東西是真是假。」

　　所以，當他產生了這樣的理論之後，他就開始設計實驗來驗證這個理論的正確性，他說：

我體悟到的另一件事，是我必須親身證明這一切，這對於科學家出身的我來說，是很自然的。只要我能證明我所體悟到的每一件事，當把這些東西傳達給別人時會更有效率。

所以我開始試著證明我的這個新發現，我開始在心裡描繪一些我想要的東西——一開始都是一些小東西，而那些東西總是很快就會實現。

後來我體悟到，會使我無法獲得更大的東西的原因只有一個，那就是：「我不敢想大的」。所以，我問自己：「就有形世界的事物來說，有什麼是我能想得到的最大的東西？」我的答案是：「啊！凱迪拉克！而且是要特別訂製的。」接著我開始想像我要的凱迪拉克，我看到自己駕駛著它，而且它是我的。然後，我就釋放掉那個畫面，因為我已經確信我擁有它。

過了大約兩個星期，一位好友來找我，他說：「萊斯特，我剛幫你買了一部世界上最美的凱迪拉克。」然後他描述了一下那部車子的樣子，結果無論是顏色或者內裝，一切都和我先前想像的一模一樣。

「我有個朋友訂做了這部車，」他說：「後來他又不想要了，所以我只花四千美金就買到了。」

他說話時，我看著他，我想著我沒有這筆錢。

「對了，你不用擔心錢的問題……」他又說：「我幫你付就行了。」

我回答：「我可不可以明天再給你答案？」

他一臉疑惑地看著我。這種好事哪有人還需要考慮一天的？不過他還是說：「當然可以。」

實驗成功。

如果是你，有人要送你凱迪拉克，你會怎麼答覆他？我想很少人會和萊斯特一樣說：「讓我考慮考慮」吧？

萊斯特的想法不同，對他而言，接下來的人生重點只在於將他的體悟傳遞給也想要知道這些資訊的人，而非是要累積或者炫耀財富。實現擁有凱迪拉克這個願望，對他來說，意義只不過是代表著實驗成功與理論正確而已。

為了能做到他真正想做的，萊斯特不希望讓其他人感覺他和一般人有什麼不同，而這部凱迪拉克卻可能會造成一些不必要的距離感。

所以，他後來拒絕了這位朋友的好意。

快速實現目標的三個關鍵

　　關於「在有形世界中創造」的這件事，以下是來自萊斯特的提醒文字，後續我將歸納出隱藏於其中的三大關鍵。

　　在那之前，請先仔細閱讀萊斯特說的這些話，看看你能從中觀察到哪些重點：

　　無論我們是否有意識到這一點，事實上每個人一直都在控制著物質。無論你想不想要成為一個「顯化者」（Demonstrator），你就是。沒有人一刻不是這樣的創造者，每個人無時無刻都在創造著。如果我們沒有覺察到這一點，那只是因為我們沒有特別去注意。

　　所有的思想、所有的念頭都會在有形世界裡成為實體。除非我們將一個念頭反轉，否則每一個意念都一定會化成實體的。如果我們在產生了某個想法之後，再想一些同等強度的相反念頭，就可以將原先那個想法中和掉；然而那些沒有反轉或中和掉的心思意念，都必定會化為實體，就算沒有立刻發生，在未來也必定如此。

　　所以，我們如此努力想做到「心想事成」這件事，其實我們已一天到晚都在做了，只是我們不知道自己做了些什麼而已。

　　我們需要做的，其實只是有意識地去引導它——而我們稱這件事為「顯化」。

　　每個人生命中所經歷體驗的一切都是一種「顯化」，如果你在之前沒有想過對應的心思意念的話，那麼那些東西就無法進入你的體驗當中。如果你想知道自己思想的總和，那麼看看你四周圍繞著哪些人事物、看看你擁有哪些東西就知道了，這一切都是你顯化的成果。如

果你喜歡的話，可以留著；如果不喜歡的話，就開始改變你的心思意念，把思想專注在你想要的方向上，直到這些念頭根深蒂固為止——而你所想的這些，也必定會在有形世界中顯化出來。

當你開始有意識地顯化一些什麼（也許是一些小東西）的時候，你可能就會意識到之所以只能吸引到小東西的原因只有一個，那就是因為你不敢想大一點。

然而，要顯化一分錢背後的原理或規則，與要顯化一百萬元背後的原理或規則是一樣的。是你的心智設定了大小，任何能顯化一塊錢的人，都能成功地顯化一百萬元。

所以，去注意你是如何成功顯化一塊錢的，然後下次在後面加上6個零。要將你的意識層次提升到一百萬元，而不是停留在一塊錢。

——萊斯特‧雷文森

在上面的文字中，萊斯特除了點出我們其實一直都在「心想事成」的狀態，早已經不斷地在「顯化」我們心智裡的思想信念之外，也提醒我們，其實只要運用同樣的方式，就可以創造出任何我們想要的經歷體驗。

再來看下一段文字：

　　如果你想要一個能快速實現目標的關鍵，那麼我會建議你對每一件發生在你身上的事負起全責。我們都看不清自己擁有的掌控權，而落入認為自己在這個世界上只能當個受害者，必須受這個世界的控制與壓迫，但是不是這樣的！是我們自己將力量送給了外在世界，才導致這些事情發生在我們身上。所以，如果你想要拿回掌控權，就必須先負起全部的責任。

　　如何才能取回掌控權？透過檢視與修正自己的想法方式，養成誠實內省的習慣，問自己：「何以這件事發生在我身上？」然後等待，直到導致這件事發生的思想由潛意識浮出，進入表意識的層次。接著去認知「你才是一切的主人」，是你自己導致這些好事或壞事的發生。

　　你越常這麼做，它就會越來越簡單，你也會越做越好，最後——你將會體悟到「你一直都是主人」。

　　要成為你的世界的主人，先決條件就是要願意開始對自己人生中所經歷、體驗的一切，負起全部的責任；要開始建立起「這一切都是我自己透過我的思想造就而成的」的認知。

　　方法非常簡單，從現在開始對發生在你身上的每一件事，無論好事還是壞事，都問自己：「我是如何導致這件事發生在我身上的？」試著回顧在這件事發生之前，你做了什麼事？說了什麼話？或者是更重要，也更根本的——你過去想了些什麼？才會讓這件事情在有形世界中化為實體。

　　透過這樣的方式，你會越來越確信「思想造就有形世界」這件事。有了這個認知，你便能更進一步地將這個法則運用在造就你未來的世界。

至於如何做到？在萊斯特‧雷文森留下的教導當中，可以歸納出三大要素：「對目標的專注思想」、「釋放內在與此目標不一致的一切無用能量」、「放手交託」。

關鍵一：對目標的專注思想

> 如果你清楚自己要去哪裡，會讓你的旅程容易一些。
>
> —— 萊斯特‧雷文森

若要實現你的願望或目標，第一個要素是要有對目標的專注思想。要滿足此一要素，首先你要「釐清自己要什麼」，然後要「讓這個目標夠吸引人」，能引起或強化你實現它的渴望。

釐清自己要什麼

人在有形世界裡，能夠追求的不外乎物質財富、健康、關係這三大領域：

- 物質財富：金錢和金錢所能交換到的物品。
- 健康：包括身體健康與心理健康。
- 關係：包括人際關係、親密關係等。

現在，請你花一些時間想一想，寫下你在這三個領域中想要實現的願望或目標（例如：想成為什麼樣的人？想擁有哪些東西？想經歷哪些體驗？等等）

※物質財富

_____

_____

_____

※健康

_____

_____

_____

※關係

_____

_____

_____

　　接下來，請從你列出的願望或目標當中，挑選出你最想實現的一個，作為後續練習的標的。

　　你可以問自己：「如果我只能實現其中一個願望的話，我會選擇哪一個？」挑選好之後，就可以進行下一個步驟：撰寫許願文。

如果不知道自己要什麼……

　　如果你目前不知道或不確定自己真正想要的是什麼，那麼從現階段的「你不要什麼」開始，會是一個容易進入狀況的起點。

　　我們的心有注意與辨識負面狀況的自然傾向，也就是說，相較於「你要（喜歡、欣賞……）什麼？」的這個問題，要我們回答「你不要（煩惱、討厭、想解決）什麼？」會容易許多。好處是，只要懂得運用這個傾

向，我們就可以快速地找出現階段想要的。

由「不想要」找「想要」這個程序，有簡單四個步驟：

步驟1：決定一個人生領域。

決定你要從物質財富、健康、關係的三大領域當中的哪一個領域開始，在下一頁表格中的「我理想的＿＿＿＿＿」這一欄上寫下你的答案。（例如，我理想的財務狀況、我理想的親密關係等等）。

步驟2：問自己「在這個領域，我現在不想要什麼？」

把你想得到的在這個領域中、所有你不想要的都寫在表格左邊的「我不想要」這一欄。這裡的「不想要」包括了那些會讓你想到或經歷到時就會擔心、煩惱、害怕、討厭的一切。

例如：

「我不喜歡每個月要繳貸款時，都要煩惱。」

「我不想要為了賺錢，而做我不喜歡的工作。」

「我不喜歡有想買的東西，就要考慮很多。」

「我不要自己搞不清楚接下來人生該做什麼？」

……等等。

步驟3：對每一個項目自問：「如果這不是我要的，那我要的是什麼？」

一項一項去檢視，並把你的答案寫在右邊的「我要的是」這一欄當中。

步驟4：以步驟3得到的答案撰寫許願文。

除了要讓自己符合萊斯特提醒的「對目標的專注思想」這個關鍵之外，多投資一些時間心力在「釐清自己要的是什麼」這個步驟上，我認為是更重要的，好處在於確保你不會浪費你的寶貴人生。

不想要／想要清單

我理想的＿＿＿＿＿＿＿＿

我不想要……	我要的是……

如果這不是我要的，那我要什麼？

　　世界上有太多的人都浪費了非常多的時間在追求他們根本不想要的東西上。

　　我在演講或課程當中經常會說這段像是繞口令的話：

　　「很多人在追求的，並不是他們真正想要的東西，而是別人告訴他們應該或必須要有、或者是他們自己認為自己應該或必須要有的東西。」

　　以我自己來說，我在二十多歲時，曾經投入過組織行銷這一行。當時，不管是我去參加的課程、還是整個事業團隊的氛圍，對於所謂「成功」的定義，大抵上都是我後來經常開玩笑說的「成功三寶」，也就是「豪宅」、「名車」、「繞著地球跑」。

　　能住豪宅、開名車、有時間和財力環遊世界，當然沒有什麼不對或不好的地方，問題只是：那真的是你想要的東西嗎？

　　後來經過多年的沉澱與內在探索之後，我才發現那幾年我貼在我的「夢想板」上的那些目標，其實都不是我真正想要的東西。我對於金錢與其他物質層面的欲望並沒有這麼強烈，對我來說，「環遊世界」更是一件想起來就很累的事情！

　　如果你把時間與心力都投注在創造那些你並不是真的想要的東西上，只會產生兩個結果：

　　第一個結果是：因為內在能量衝突的關係，你永遠無法實現你所設定的夢想或目標；第二個結果是：雖然你設定的目標實現了，但是你的感受卻是「就這樣啊……」或者「那又怎樣？」

　　不管是哪一種狀況，應該都不會是你想要的吧？

　　如果再想遠一點，我認為人生最悲慘的莫過於：當你的生命快要結束的時候，才突然意識到自己一直都在追求那些應該或必須要有的東西，卻從來沒有實現過自己內心真正的渴望。

　　我的意思是要你別去追求金錢或者「成功三寶」之類的物質嗎？當然

不是。只要那是你想要的，你都可以去創造任何你想要的經歷體驗。

只是，人生不過數十寒暑，如果在這個階段就多投注一點心力來探索自己這一生真正想要的是什麼，然後，對那些別人想要、或者別人覺得你應該或必須要的東西說：「不」，那麼不就能讓你的這一生活得更徹底了嗎？

 ## 如何撰寫許願文？

在你釐清自己想顯化的目標是什麼之後，就可以將它寫成一段短文，如此可以方便你每天閱讀、複誦、觀想，以加速它的顯化。

關於許願文的撰寫，有幾個基本的指引與注意事項：

一、使用現在式

> 永遠不要想著事情會在未來發生，因為心智會讓它繼續待在未來。現在就看見它、感覺它、品嚐它、擁有它，別以未來式看它。
>
> ── 萊斯特‧雷文森

無論你想要實現的目標是什麼，如果你的目標現在「已經」實現了，當你在和別人敘述你的狀況時，會用這樣的時態來描述嗎？

- 我將來……
- 我有一天會……
- 某年某月某日時，我會……

應該不會吧？

假設你的目標是「擁有一幢一百坪、有花園、游泳池、兩個車位，住起來挺舒服的透天厝。」如果這個目標已經實現了，那麼當你的朋友問你住的是什麼樣的房子時，你應該會回答：「我現在住的是一幢一百坪、有花園、游泳池、兩個車位的透天厝，住起來挺舒服的。」

撰寫許願文的訣竅之一，就是務必用「已經實現」時的角度來描述，如果你用未來式來描述，就只會讓你的願望繼續停留在未來，永遠不會實現。

> Note 撰寫許願文時，你可以問自己：「如果這個目標現在已經實現了，那麼在和朋友聊到彼此的近況時，我會怎麼描述？」

二、正面積極地描述目標

寫下你要的，而不是你不要的。許願文的內容要描述的是：你想要達成的「最終結果」，因此，注意不要讓許願文中出現你想要擺脫或解決的問題，當你注意到問題，就會創造出更多的問題。

三、盡可能明確，但不設限

在一場課程中，我讓學員們做許願文的撰寫練習，在一個段落之後我請學員分享所寫的內容，有一位學員分享的其中一個願望是想要一部汽車。

我問：「March是車、凱迪拉克也是車，你要的是哪一種？」

「我想要那種有專屬司機的。」他回答。

我說：「公車、遊覽車都有專屬司機，那是你要的嗎？」

他回答：「不是啦！我是要像賓士那種的，然後能請個司機幫我開。」

我再問：「OK，那賓士有這麼多車款，你要的是哪一種？是C系列？還是S系列？還是其他？」

「我還沒想得這麼仔細耶……」他說。

還有一次，我詢問了幾個目標是要增加收入的年輕朋友：「你希望能擁有多少收入？」

其中一位回答：「差不多十幾萬吧。」

我再問：「十一萬是十幾萬，十九萬也是十幾萬，你想要的是多少？」

他的反應同樣是：「我沒想得這麼仔細耶……」

你可能會有疑問：一定要想得這麼仔細嗎？

我們活在充滿了具有可塑性的心靈物質的宇宙，這個物質有生命、並具有極高的敏感度，祂會依心之所欲而成型。而「思想」塑造了讓此物質成型的模具。

——查爾斯・哈奈爾（《財富金鑰》作者）

在我的童年，曾經流行過一種玩具，包裝裡含有一個塑膠的卡通人物模具，以及一包石膏粉。只要把石膏加水拌勻，然後倒到模具裡，等乾透之後倒出來，就會變成卡通人物造型的石膏塊。

石膏，就像查爾斯・哈奈爾所說的「原始物質」，石膏最終會成為什麼形體，取決於塑膠模具。同樣的，這個宇宙的原始物質要在有形世界裡化成實體，也需要一個模具，而這個模具，就是我們的「思想」。

　　想想看，就算你使用的是最上等的石膏，如果模具本身製作得相當粗糙，能產生精細的成品嗎？

　　當然不可能。

　　製作出來成品的精細程度，取決於你的模具製作得有多精準；同樣的，你的願望是否能精準實現，也取決於你心中的「模具」製作水準。

　　而這個模具水準的高低，則是由你在心中描繪的圖像有多清晰明確來決定，如果你心裡的圖像模糊，或者對你的願望三心二意，那麼這個「模具」自然也無法在有形世界裡產生你期望的結果；相反的，你在心中描繪的圖像越是清楚、越是肯定，這個「模具」就會越精準，而產生出來的成果也就會越精確。

　　所以，描述你的願望時務必精確，例如，如果你的許願文寫「住在寬敞舒適的房子裡」，那就不夠精確。

　　對你來說要多大才算「寬敞舒適」？如果現在住在二十坪的小公寓裡，那讓你搬到二十五坪的公寓，算不算「寬敞舒適」？如果不是的話，你要多大坪數、有哪些設施、在哪個地段才能讓你有寬敞舒適的感覺？把它都描述出來。

　　除了明確之外，你還可以把握另一個訣竅：「不設限」。要做到其實很簡單，只要在數字前面加上「超過」，或在數字後面加上「以上」就可以了。

四、把你與目標之間的關係加入許願文中

　　在許願文中一定要以「我」為主詞。

五、必須讓你感覺實際、真實且可能達成

　　在成功學的「目標設定」這個科目裡，有一個常被引用的句子：

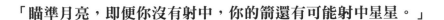

「瞄準月亮，即便你沒有射中，你的箭還有可能射中星星。」

這句話通常被用來強調「設定大目標」的重要性，鼓勵人們設定並追求一個超乎現階段所能想像的目標，這樣，即使最後沒有百分之百達到所設定的目標，至少也比現狀更往前進了一大步。

聽起來確實很有道理，如果我設定要月入百萬，那麼即使只達成百分之二十，那至少也有二十萬，確實也很不錯。

我曾經很相信這一套，也曾經照著這個方向設定過目標，甚至也教很多人這樣的觀念與方法，但是經過一段時間之後，卻發現一個很大的問題：「沒有用。」

不止對我自己沒有用，對百分之九十五以上我分享這些資訊的對象們也沒有用。

這讓我很疑惑：「明明就很有道理啊！到底是為什麼？」曾經我認為大概是我的問題，因為我不夠積極、我不夠認真、「想要」的渴望不夠強……我曾在書中、各種課程裡尋找解決之道。

但是，總是一次又一次的失望。

我心中不斷在問著：「到底是為什麼？」、「怎樣才能解決這個問題？」

一直到最近幾年，才知道之前所學的目標設定法缺了一塊，而且是很重要的一塊。

你現在已經知道，目標能否實現，關鍵之一在於你對它能否有「已經實現」時的感受，而要產生「已經實現」的感覺有一個非常重要的條件：

你自己必須要能「相信」這目標是可能達到的。

傳統的「目標設定」方法鼓勵人們設定「不可能」的目標，希望藉此激發出潛能；然而，如果你在設定了一個目標之後，心裡根本不相信自己

能做到，那麼這個目標也就很難實現了。

或許你會問：「你的意思是，不要把目標設定得太高嗎？」

並不是如此，就像前面提到萊斯特說的：「**創造出一塊錢、和創造出一百萬元背後的原理是一模一樣的；是『大』還是『小』，是心智編造出來的觀念。一個人只要有本事創造出一塊錢，就肯定有本事創造出一百萬元。**」

因此，你要設定多大的目標，是取決於「你」能否相信這目標可以成真。如果可以，那就是適當的目標；如果不行，那就要調整一下，設定一個你能夠相信的目標。

舉例來說，如果你現在月收入只有兩萬，這時可否把目標設定為一年內要收入一百萬元？

答案是可以，也不可以。

如果你能完全相信這目標可以達成，能明確地在心中描繪出自己月入百萬的情景，能產生「已經擁有」的感覺，且內心沒有告訴你「這不可能」的小聲音，那麼這目標對「你」而言是適當的。

反之，如果當你描繪這場景時，心裡總是會浮現「這可能嗎？」之類的聲音，乃至於心中會浮現更多負面的感覺，那麼你當然可以直接用釋放法放掉這些「煞車」；不過另一方面，你也可以把目標數字設定在你可以相信的最高數字。

這麼做的好處是：因為中間的內在障礙與挑戰減少，因此你的目標可望加速實現，而當你真的在有形世界中看到一些成果之後，你會對現在學到的這些資訊更有信心，這時你也自然會再把你的目標提高。

六、精確簡潔

以可以精準描述目標的文句詞彙，簡短但完整地撰寫許願文，長度以

你能容易背誦得起來為準。

七、使用有助於你釋放內在無用能量的詞句

　　如果你對自己的願望，已經能進入那種「已經擁有」的狀態的話，那麼最理想的方式當然就是以完全的現在式來描述；但如果你發現自己在以完全的現在式來敘述自己的願望時，內在仍會浮現許多小聲音或感受，那麼你可以用兩種方式開始你的許願文：

　　・我決定……
　　・我容許……

　　這樣寫，一方面你的心智會比較容易接受，另一方面也能協助你在唸著許願文時，同步釋放內在的無用能量。

　　為什麼說這樣寫會有助於你釋放無用能量？請翻到前面對於九種「情緒狀態」的說明，試著比較看看，當我們說：「我決定……」時，會是處於哪一種情緒狀態？當我們說：「我容許……」時，又是哪一種情緒狀態？

　　答案分別是「無畏」與「接納」。每當你唸出許願文時，都在無形之中提醒自己，你的本質比較接近「無畏」、「接納」、「平靜」；也因此，你將能同步釋放掉一些無用能量。

八、不要使用「想要」這類詞彙

　　人在什麼時候才會說「想要」？在沒有或認為自己沒有的時候。每當你說「我想要……」、「我會……」、「我希望……」之類的詞彙時，都是在強化「我沒有」這個幻覺與假象，因此，請避免在許願文中出現這類

詞彙。

九、只描述想要的最終成果,不要去描述準備怎麼達成

> 『有限』是不能教導『無限』什麼事情應該怎麼做的;你只要說你要什麼就夠了,不必說你想要怎麼達成。
>
> ——查爾斯·哈奈爾(《財富金鑰》作者)

假設你的目標是要有每個月十萬元以上的收入,在撰寫許願文時並不需要描述這十萬元要怎麼來到。你並不需要去想:「如果我要月入十萬,我的業績就要增加_____,要增加這麼多業績,我的新客戶就要增加_____。」之類的問題,也不需要在許願文中描述客戶和業績要增加多少,你只要寫下像「我享受每個月都有十萬以上收入的美好感受」,只描述你要的最終結果的許願文即可。

十、每段許願文只描述一個目標

在同一許願文中描述太多不同目標或願望,可能會造成創造能量分散,所以建議為人生的不同領域(物質財富、健康、關係)分別撰寫不同的許願文。

撰寫許願文

請依照以上十點指引，參考下一頁的許願文範例，開始寫下你的許願文。

_____

_____

_____

_____

_____

_____

_____

_____

_____

_____

_____

_____

_____

_____

_____

_____

_____

許願文範例

◎工作／事業

• 我容許自己有效率且成功地發展我的事業／部門……

• 我容許自己輕鬆自在地度過上班的每一天。

• 我容許自己輕鬆容易地擁有並享受這個階段最適合我的工作。

• 我容許自己輕鬆地找到最能發揮我的天賦才能及我擁有的各種技能，同時也能提升豐足收入的工作／事業。

◎人際關係／溝通

• 我容許自己輕鬆地與_____（我的配偶、同事、上司、朋友或者某個特定的人）溝通。

• 我容許自己與_____有_____（和諧的、互相信賴的、互利的、開誠布公的……）關係。

• 我容許自己無論怎樣都愛與接受我自己（或_____）。

• 我容許自己和_____之間的狀況，能在公平且互利的狀況下順利解決。

• 我接受_____是他所是的那個樣子。

◎體重控制

• 我容許自己輕鬆達到並維持我的理想體重。

• 我容許自己享受食用各種能保持我身體健康苗條的食物。

◎健康

・我容許自己隨時保持自然的放鬆狀態。

・我容許自己有很好的睡眠品質，我每天在早上＿＿＿＿起床時，都獲得充分的休息且充滿活力。

・我容許自己輕鬆自在地建立與維持一種有助於我的健康和身材的生活形態。

・我容許自己享受當一個不吸菸的人的美好感受。

 ## 關鍵二：釋放與目標不一致的無用能量

> 當你對你的目標完全釋放時，再不可能的也會變得完全可能；而當你發現自己不再把目標實現與否放在心上時，就能知道自己已經完全釋放了。
>
> —— 萊斯特・雷文森

有了清晰明確的目標之後，下一步就是要釋放掉內在曾壓抑的、與你的目標方向不一致的無用能量。

延伸先前談到九種情緒狀態之一的「貪求」時所舉的「開車」例子，如果以開車來比喻追求目標實現這件事，那麼設定清晰明確又讓你很有感覺的目標就像踩油門，可以讓你加速前進——前提是你得要記得、願意且真的放掉煞車。

煞車，就是你內在對於你的目標的想法、信念、感受等無用能量；不

放掉煞車，你再怎麼用力踩油門，前進的速度也會受限；甚至如果煞車力道太強，就算你用力踩油門，也一樣哪兒都去不了。

要運用瑟多納釋放法來針對釋放關於你的目標的無用能量時，可以由感受、情緒狀態與基本欲望三個不同層級來進行：

一、由感受層級釋放關於目標的無用能量

步驟1：坐下來，用你喜歡的方式放鬆肢體，開始把注意力集中在你的內在世界。

步驟2：慢慢複誦一次你的許願文，一邊複誦，一邊想像你的願望已經成真時，會是怎樣的場景。你會看到什麼畫面？聽見哪些聲音？身體會有什麼感覺？

步驟3：觀察你在這個當下的感受，如果目前感覺到的是在目標已經實現時的美好感受，就讓自己停留在那種狀態中，容許自己在想像的世界中繼續享受你想要的體驗。

步驟4：如果有其他的感受，就給自己一點時間去感覺那個感受。

步驟5：依序問自己：

「我有沒有能力放手，讓這個的感受離開？」

「我要不要放手，讓這個感受離開？」

「我什麼時候要放手，讓這個感受離開？」

如果有任何一個問句無法回答肯定的答案，那就再回到步驟2，重複操作，直到可以回答肯定的答案，才進入下一個問句。

步驟6：重複操作，直到在想像著你的目標時，你能感覺到「已經擁有」時的感受為止。

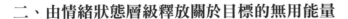

二、由情緒狀態層級釋放關於目標的無用能量

步驟1：坐下來，用你喜歡的方式放鬆肢體，開始把注意力集中在你的內在世界。

步驟2：慢慢複誦一次你的許願文，一邊複誦，一邊想像你的願望已經成真時，會是怎樣的場景。你會看到什麼畫面？聽見哪些聲音？身體會有什麼感覺？

步驟3：觀察你在這個當下的感受，如果目前感覺到的是在目標已經實現時的美好感受，那就讓自己停留在那種狀態中，容許自己在想像的世界中繼續享受你想要的體驗。

步驟4：如果有其他的感受，就給自己一點時間去感覺那個感受，並在這個當下的感受，給自己一點時間去感覺那個感受。

步驟5：問自己：「對我而言，這個感受是屬於哪一個情緒狀態（萬念俱灰／悲苦／恐懼／貪求／憤怒／自尊自傲／無畏／接納／平靜）？」

步驟6：依序問自己：

「我有沒有能力放手，讓這個_____（你的答案）的感受離開？」

「我要不要放手，讓這個感受離開？」

「我什麼時候要放手，讓這個感受離開？」

如果有任何一個問句無法回答肯定的答案，那就再回到步驟2，重複操作，直到可以回答肯定的答案，才進入下一個問句。

步驟7：重複操作，直到在想像著你的目標時，你能感覺到「已經擁有」的感受為止。

三、由基本欲望層級釋放關於目標的無用能量

步驟1：坐下來，用你喜歡的方式放鬆肢體，開始把注意力集中在你的內在世界。

步驟2：慢慢複誦一次你的許願文，一邊複誦，一邊想像你的願望已經成真時，會是怎樣的場景。你會看到什麼畫面？聽見哪些聲音？身體會有什麼感覺？

步驟3：觀察在這個當下的感受，如果目前感覺到的是目標已經實現時的美好感受，那就讓自己停留在那種狀態中，容許自己在想像的世界中繼續享受你想要的體驗。

步驟4：如果有其他的感受，就給自己一點時間去感覺那個感受。

步驟5：問自己：「對我而言，這個感受是來自哪一個基本欲望（控制／被認可或被愛／安全）？」

步驟6：依序問自己：

「我有沒有能力放手，讓這個想要（控制／被認可／安全）時的感受離開？」

「我要不要放手，讓這個感受離開？」

「我什麼時候要放手，讓這個感受離開？」

步驟7：如果有任何一個問句無法回答肯定的答案，那就再回到步驟2，重複操作，直到可以回答肯定的答案，才進入下一個問句。

步驟8：重複操作，直到在想像你的目標時，能感覺到「已經擁有」的感受為止。

 ## 如何處理限制性思想／信念？

在你試著想像自己的目標已經實現的畫面時，心中可能會浮現一些聲音如：

- 「這樣做就真的會實現嗎？」
- 「輪不到我吧？」

・「如果這個要實現的話，我就得要＿＿＿＿＿（你認為自己需要做的事、外在環境的配合等）」。

・「可是我＿＿＿＿＿（例如：太年輕、學歷太低、沒經驗等），應該不行吧？」等等。

這些聲音，都是你心智對於你設定的目標所產生的思想或信念，而由於心智的功能就是創造，任何進入或存在於心智中的限制性思想／信念，都必定會在有形世界中呈現，因此，要讓你的目標／願望順利實現，就必須將這些強大的「煞車」釋放掉。

釋放掉這些充滿限制的小聲音的方法如下：

一、記錄

在你複誦許願文並想像你的願望已經成真的場景時，如果發現心裡有浮現任何限制性的思想／信念，就把它記錄下來。例如，假設你心裡出現「我辦不到」、「哪有這麼簡單」之類的聲音，就把它寫下來。

要記得，不要因為自己有某個思想／信念就評斷，如我們之前提過的：能量沒有好壞、對錯、應該不應該，它就只是能量而已。同樣的，要知道：

・任何思想／信念也都只是不同密度的能量而已，一樣沒有對錯、好壞、應該不應該。

・你過去到現在有這樣的思想／信念，不代表你未來也要有同樣的思想／信念，決定權在你手上。

二、釋放

1.對自己重複一次你要釋放的思想／信念，你可以在心裡默想，也可

以出聲說出來。

　　2.觀察當你想著這個思想／信念時的感受，感覺那個感受。

　　3.將這個感受以你現階段使用起來**最有效率**的方式釋放掉，你可以：

　　直接釋放掉這個感受；

　　將這個感受連結到對應的情緒狀態進行釋放；

　　將這個感受連結到對應的基本欲望進行釋放。

　　4.重複操作，直到當你想著這個思想／信念時，沒有什麼特別的感受為止。

　　先前我們提到過思想的生命力來自於感受，就像樹葉的生命力來自樹枝、樹幹、樹根一樣，所以如果你釋放掉某個限制性思想或信念背後的感受／基本欲望／情緒狀態，常見的現象是到了某個時間點，你突然會有「奇怪，我怎麼會相信這種鬼話？」這類的反應。

　　這時你就可以繼續釋放其他限制性的思想或信念；如果暫時沒有任何限制性思想／信念浮現出來，那就容許自己停留在「目標已經實現」的狀態中，容許自己在想像的世界中繼續享受你想要的體驗。

三、追蹤確認

　　這個步驟是為了確定自己是否有把某個限制性思想／信念釋放乾淨。

　　比如說，你可以在前一次針對某個限制性思想／信念釋放之後三天或一星期（間隔天數可以自己決定），拿出你的紀錄表，再對自己複誦各個項目，觀察看看自己是否還有那樣的思想或信念。

　　如果有，表示前一次沒有釋放乾淨，就再次做釋放；如果沒有，那太棒了！表示你清理得很乾淨，你的目標實現的速度將會越來越快。

　　另外一個很有效的作法，就是前面提到的「容許其他可能性」，當你發現心裡浮現了任何限制性的思想／信念時，就將它們都記錄下來，然後

開始逐一問自己以下這些問題：

「也許這個信念是對的，但我能不能容許其他可能性？」（釋放無用能量，直到能回答「可以」時，進入下一個問題。）

「那麼，有哪些其他可能性存在？」（寫下所有能想到的其他可能性後，進入下一個問題。）

「有這麼多可能性存在，我還要堅持相信原本相信的那個嗎？」（釋放無用能量，直到能回答「不要」時，問自己最後一個問題。）

「那，我從現在開始要相信哪一個？」

如果你不喜歡你的世界，那就改變你的意識，那是唯一存在的東西，也是唯一一個你有辦法去改變的東西，同時也是唯一一個你應該要試著去改變的東西。要想有一個完美的世界，就讓你的意識變得完美，如此一來一切都會變得完美。

—— 萊斯特·雷文森

 # 關鍵三：放手交託

當我們體悟自己本就一切俱足，因此什麼都不需要的時候，只需一個想法，萬事萬物都會毫不費力地來到我們身旁。

—— 萊斯特·雷文森

你能專注在自己的目標上，並釋放掉內在對實現目標無益的無用能量之後，如果能再做到第三要素：放手交託，就能進入到一切都不費力的狀態。

萊斯特‧雷文森常用以下這句話來提醒學生第三個關鍵要素：

「別當勞碌者，做見證人。」（Be not the doer, be the witness.）

通常，在你訂下目標的前、中、後，你的心中常會浮現這類的聲音：

‧「如果我沒有這個和那個，那就會這樣或那樣，最後我就會很慘。」

‧「為了要達到這個和那個，我就應該或必須要這樣或那樣才行。」

‧「如果我不做這個和那個，他們就會這樣或那樣評價我。」

有這類的想法，代表著目前仍是你的「虛幻我」（ego）在當家作主，決定你要怎麼想、怎麼做；而由於「虛幻我」只是一堆充滿限制的觀念的總和，因此無論你在過程中怎麼用力，都仍只會讓你得到充滿限制的結果而已。

如果你開始學著放手，別再試圖讓有限指揮無限，開始釋放你的「虛幻我」，改讓另一部分的你——那本就已經全知、全能、無所不在的，無限的「真我」當家，就會發現無論你要什麼，一切都越來越不需費力。

你不再當駕駛，改當旅客

你把開車的工作交給你的「真我」，讓你的「虛幻我」坐到後座去，就像萊斯特所說的：「別當勞碌者，當見證人」（Be not the doer, be the witness.）。

你只要告訴司機你現在想去哪裡，或者想體驗什麼，然後就舒舒服服地讓司機帶你去你指定的地方，或者帶你體驗你想體驗的。

「那表示我就坐著等我要的東西從天上掉下來嗎？」

錯了。

你什麼都不做，也包括不「坐在那邊等」。

因為如果你其實想讓你的心智或身體去做些什麼，卻硬是告訴自己說：「為了要做到萊斯特老師說的『別當勞碌者，當見證人』，所以我什麼都不能做，要等事情自己發生才行。」

或者你說：「雖然這當下我確實有想實現的目標／想解決的問題，確實有想設目標訂計畫，但是因為有些作者或大師說有形世界的一切都只是假象而已，所以我現在就要丟掉我的所有目標與計畫。」

這時，其實你也是在費力，那就表示仍是你的「虛幻我」在當家作主，仍然是試圖讓有限指揮無限。

那如果釋放掉「虛幻我」，讓「真我」當家作主的話會是如何？

・你會確知（而不只是心智層面認同而已）你的任何念頭，都必定會在有形世界裡產生對應的經驗。

・你會確知你不是你的身體，你也不是你的心智，身體和心智只是你用來和這個有形世界互動的工具而已。

這時，當你有想經歷、體驗、欣賞或觀察到任何事物的想法時，你會容許你的心智與身體等「工具」去做它們該做的事情，和這個有形世界進行必須的互動或不互動，創造出你想經歷、體驗、欣賞或觀察的事物；而你的「虛幻我」只是個觀察者、見證人，真正的使命，就是看著一切的發生，並從中見證「真我」的全知、全能、無所不在。

你如果過得辛苦，通常都是因為沒有認知到這一點，而讓本質除了一堆限制之外，再任「虛幻我」決定方向與作法。

好處是：如果你想要停止苦難，改過不費力的人生，只要反其道而行就可以了。

你負起全責，對每一項發生在有形世界裡的事物說：「這是我透過我的心智創造出來的。」然後問自己：「是我的哪個思想造就了這個創作呢？」你透過這樣的方式知道：掌控你的世界的，自始至終一直都是你自己，也唯有你自己。

從這時開始，你取回那本就屬於你的力量，自由自在地在你的世界中創作任何想創作的經歷體驗。

你享受自由創作的喜悅，一直某一刻，你突然察覺無論創作出多神奇的體驗，一切其實都並不真實。你開始對玩創作遊戲興趣缺缺、開始想要回歸並停留在你的最初樣貌、開始想停止扮演那些「不是你」的角色，恢復為真正的你，恢復你的自然狀態。

> 讓心智安靜下來，就能看見你真正是的——那個無限的真我。
>
> ——萊斯特・雷文森

當你有這樣的意向時，請以**丟棄所有的思想，讓心智安靜下來**為目標，繼續釋放你能找到的一切無用能量……

那，會是完全不同的境界、完全不同的旅程。

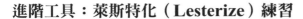
進階工具：萊斯特化（Lesterize）練習

這是從「釋放法」所延伸出非常強大的應用工具，此名稱是將萊斯特（Lester）作為動詞用，也就是：讓你變得像萊斯特。

此練習基於萊斯特經常強調的兩個觀念，第一個是：

「處在高頻狀態時，看著下面那堆垃圾，讓它浮現出來，然後清掉它。」

根據以往的經驗，多數人都是在意識到自己情緒狀態不佳、能量不太好的時候，才會想起來要進行「釋放」，然而，那並不是進行「釋放」的最好時機。

這就像我常舉的一個例子：想想看，如果你知道隔天有個粗活要做，那麼你會今天晚上熬夜不睡覺？還是會養精蓄銳，讓自己在精神體力都飽滿的狀況下去面對那些粗活？

我知道有許多人都是在發現自己胸口悶悶的、或者是意識到自己出現某些思想信念等無用能量時才進行「釋放」，然後發現自己「釋放」半天感覺也沒變好，或者是覺得「一直釋放不乾淨」，這往往都是因為搞錯「釋放」最佳時機點的關係。

所以，如果你要進行「釋放」，特別是在要釋放那些根比較深、比較棘手的無用能量時，更應該如萊斯特所提醒的：「讓自己進入高頻狀態時做釋放，而不是想透過釋放來進入高頻狀態」（Get high to release, don't release to get high）。

第二個觀念，則是萊斯特所說的：

「在心智裡 hold 著你要的東西，你就一定會得到它。」

要讓夢想／目標實現，你必須讓你的夢想／目標已經實現的畫面一直停駐在你的腦海裡，要能到達「即使你沒特別在想，那個畫面也存在你心裡、隨時都能清楚看見」的程度。

萊斯特化的步驟

了解前述的兩個觀念之後，接著說明「萊斯特化」的操作方式，有十個步驟如下：

步驟1：做個決定（或者強烈一點，下個決心），讓自己進入「無畏」、「接納」 或者「平靜」的情緒狀態。

「可是我現在就有負面情緒，要怎麼進入這三個情緒狀態？」這是很多學員在學習「萊斯特化」時會產生的第一個疑問。

然而，事實上是只要你願意，你是可以在任何時候、隨意進入任何一個情緒狀態的。

有點懷疑？

沒關係，我提供一個可以幫助你做到這件事的方法：先想一位你最喜歡的電影導演。

想到了嗎？

現在，想像這位大導演就在你的面前，他要給你一千萬美金的片酬主演他接下來的年度大片。特別的地方是，他不要你去扮演別的角色，而是扮演你自己，只是，是一個不一樣版本的你自己。

這一個你跟現在的你不太一樣，這一個「你」的基準情緒狀態是「無畏」、「接納」、或者「平靜」。

你會怎麼演出這個角色？

這一個「你」的神情、姿態、說話的語氣、對於人生大小事的觀點與回應方式，和現在的你有什麼不一樣？把這個「你」演出來，你會發現你的情緒狀態也跟著不一樣了。

另一個作法：除了這個方式，我自己也會使用另外一個方法來快速調整我的情緒狀態。假如我想要快速地將情緒狀態調整到「無畏」，那麼我就會問自己：

「對我而言，有哪一個電影角色的表現就是「無畏」的情緒狀態？」

有一段時間，我的答案都是「黑暗騎士」系列裡的蝙蝠俠。

然後，我就會用換位的方式去連結這個角色的情緒狀態，進而讓自己快速地進入「無畏」。

試試看吧！當然你挑的角色和我可能很不一樣，不過我相信你在嘗試之後也會喜歡這個小撇步的。

（P.S.我用來連結「接納」情緒狀態的電影角色是「阿甘正傳」裡的阿甘，他超接納的，不是嗎？）

步驟2. 讓自己進入「已經擁有」的狀態。

接下來，除了要能在腦海中清楚地看到「願望已經實現」的畫面外，還要能感覺「已經擁有時」會有的感受，做到萊斯特說的：「看到它、感覺它、觸摸它，如同它現在就已經實現了一樣。」

記得多年前，我與一位導師聊到「吸引力法則」，他住在美國猶他州，是個黑人，一直以來都在組織行銷產業裡有非常高的成就。

我問他：「你也有在寫許願文、做夢想板嗎？」

「現在沒有了。」

「那，你有在觀想你的目標嗎？」

他說：「我沒有特別坐下來觀想，但是即便在和你講話的現在，我都能清楚看見我的目標。」

這就是萊斯特所說的：「在心智裡hold著你要的東西」的意思。

你不再需要依賴許願文、夢想板的提醒，也不用特別撥時間找個地方坐下來觀想……

你的夢想／目標無時無刻都在腦海裡。

後來幾年，當我有機會與在有形世界有高成就的朋友聊天的時候，總是會順便了解一下他們是否也都有和我這位老外導師一樣的本事，結果

是：

每一位都是如此！

所以，無論你要的是什麼東西，只要你能做到這種程度，它就絕對會實現！

當然我並不是叫你不要去寫許願文、做夢想板、或者安排時間固定觀想你的夢想／目標。而是要提醒你，那些都是工具、都是過程，真正能讓你啟動「吸引力法則」等宇宙法則的力量、加速你實現夢想／目標的，其實在於**那一幕已經實現的畫面是否已經深深烙印到你的腦海裡**。

而要做到這一點也很簡單，只有兩個字：「重複」。

步驟3. 釋放掉這個「已經擁有」的感受。

接下來，這個步驟有點弔詭。因為對我們來說，釋放掉那些讓我們感覺不好的無用能量，是很自然、而且我們也會想去做的事情……

但是，當我們想著自己的夢想／目標已經實現的畫面時，通常浮現出來的都是美好的感受，難道這也要釋放掉嗎？

答案是：「是的，要將它釋放掉。」原因在於萊斯特曾經提到過，**能讓夢想／目標最容易顯化的，是那種「理所當然」的心靈狀態。**

美好的感受往往伴隨著希望這個夢想／目標能實現（而且要盡快）的執著，反而會將它推得更遠。

所以在這個階段，喚起那種已經擁有的感受之後，不論那感受是好、是壞，都要將它釋放。

步驟4. 往下看你心智裡的那個垃圾堆，釋放掉無助於夢想／目標實現的垃圾。

・探索看看，你的內在有沒有那種「我做不到」、「這不可能」之類的思想或感受？

・找找看，你想透過達成這個願望來解決或避免什麼？

　　•找找看，你心裡認為如果這個願望不實現的話，會發生什麼糟糕的事情？

　　•也找找看，你認為如果這個願望真的實現了的話，會發生什麼糟糕的事情？

　　把你探索到的「垃圾」都記錄下來。

　　步驟5.將這些思想、信念、感受都連結到三個基本欲望，然後釋放掉。

　　看著你記錄下來的每個項目，問自己：「這是來自想要安全？想要控制？還是想要被認可／被愛？」然後釋放。

　　步驟6.持續釋放。

　　持續上面的步驟，直到不再有任何思想或感受時，讓所有殘餘的負面畫面與感受都消逝掉。

　　步驟7.再回頭想像，並在心中盡可能地看清楚你想實現的願望，然後釋放。

　　再一次在心裡描繪你的夢想／目標，越詳細、越有感覺越好。

　　記得，要「看到它、感覺它、觸摸它，如同它現在就已經實現了一樣」，並在過程中觀察是否還有想要安全、想要控制、想要被認可／被愛的欲望存在，如果有，就將它釋放掉。

　　步驟8.以下面這個畫面將自己拉升到最高頻狀態──「我就是那完整、完美、全知、全能、無所不在的 ＿＿＿＿＿＿＿，萬事萬物與每個人都是這個『我』的一部分，一切都很完美。」然後給予這個畫面愛與認可。

　　在空格裡面填上你對於那個「全知、全能、無所不在」的存在的習慣性稱謂，有人稱祂為「神」、「上帝」，有人習慣稱祂為「宇宙」。在我翻譯的《財富金鑰》一書裡給祂的稱謂是「天地之心」，而在一本「吸引

力法則」的相關著作當中，作者表示你愛稱祂為米老鼠也沒關係，祂不會介意的……

我自己，則是稱祂為「阿公」。

為什麼這樣稱呼？這是我在一次「釋放法」活動當中所得到的啟發。

當時我與學員討論到要顯化你想要的事物時，「放手交託」這個最後的步驟的重要性。

教是這樣教，但對於我這種習慣靠自己雙手來搞定一切的人來說，「放手交託」往往是最難過的一關。

理論上，你就是要信靠那個「全知、全能、無所不在」的存在，但對我的心智來說，一是覺得「祂好大，我好小，很有距離感」，二是覺得「我和祂又不熟，祂幹嘛要幫我？」；三是想著「祂應該有更重要的事情要忙，我這種雞毛蒜皮的小事就別麻煩祂了」……

所以，「放手交託」常常只是一個我相信並認同的概念，但要真的做到，有難度。

在那次與學員交流之後，我開始認真思考，對我來說，要如何才能做到「放手交託」？

我想，如果要我百分之百「放手交託」，首先這個交託的對象，必須要是我認為比我更厲害的；另外，我要能非常、非常地信任祂；再來最重要的是：我不會不好意思請祂幫忙，甚至和祂要東西。

而這些，都讓我回想起小時候、想到我阿公。

每次我娘親話當年，聊到我小時候的事情，總是會提到阿公有多疼我、我是如何每天黏在阿公身邊，如果有看到什麼想要的東西，只要在阿公耳邊悄悄話講幾句，阿公就什麼都會買給我。

對我而言，我阿公就是那個我覺得很厲害、我非常信任、而且不會不好意思和他要東西的存在。

所以，我開始試著稱呼「祂」為「阿公」。

忽然間，我發現當我這樣稱呼祂，同時將我對阿公的感覺連結到祂之上的時候，我立刻感覺到自己與整個宇宙的無形力量更加靠近，彷彿回到小時候的那種經驗：

一個小小年紀的我，不會賺錢，也沒有謀生能力，沒辦法靠自己去獲得想要的東西。但是沒關係，有阿公在那邊，阿公有能力，也很願意給我任何東西，只要我願意開口就行了……

你也可以試試看。

回想一下，在你的成長、生命過程當中，有沒有這樣一位「有求必應」的存在？你信任他、和他有很深的連結、可以和他要東西，又不必顧慮他會怎麼想、甚至知道他其實能囷給你這些東西而開心？

如果有，你也可以用同樣的方式來拉近你與「祂」的距離，讓「放手交託」變成是必然的作法。

當你能連結到與「祂」的這種關係之後，就遵循指示：「我就是那完整、完美、全知、全能、無所不在的 ＿＿＿＿＿＿＿＿，萬事萬物與每個人都是這個『我』的一部分，一切都很完美。」想像你就是「祂」，「祂」就是你，你和「祂」、以及世上一切的有形無形存在，都是一體……當然，也包括你想要顯化的那個目標在內。

我的作法是：我會先想著阿公，然後連結到小時候那種全然信任、全然交託的感受，進而連結到「祂」，將「祂」放大，大到擴及整個世界。

接著，進入到步驟9。

步驟9. 讓自己對想實現的願望畫面的「正面思想與感受」消逝，讓「我有這個」的想法停駐在心裡。

這個步驟與步驟3類似，就不再贅述了。

步驟10. 需要的話，重複操作幾次。

前面提到，要顯化夢想／目標的最佳狀態，就是你對你的夢想／目標進入「理所當然」地「已經擁有」狀態……

在這個狀態下，你不會有很想要它發生或者不發生的「拉力」，也不會有擔心它發生或者不發生的「抗力」，這就是你操作「萊斯特化」練習時的最終目標。

視個人需要來重複操作前面的步驟幾次，直到你達成這個狀態為止。不過要記得，做這個練習時，一定要以步驟9作為結尾。

每日操作建議

一、早上一起床時，覺察並釋放自己當下的感受

每天早上醒來，第一時間問自己：「我現在有什麼感受？」然後釋放掉內在的無用能量，這對你進行一天的活動會有非常大的幫助。

二、預想當天行程，然後進行無用能量的釋放

釋放起床時的無用能量之後，預覽一下今天有什麼預定行程，看看自己對各個行程是否有擔心、害怕、煩惱之類的無用能量存在，然後進行釋放；你也可以預想你希望的最好狀況，然後釋放掉內在與理想狀況方向不一致的無用能量。

三、安排專屬的時間進行釋放練習

除了在進行各項活動的當下，盡可能釋放掉浮現出來的無用能量之外，也在一天當中安排專門用來釋放的時間。在各個行程或工作之間的空檔撥個幾分鐘時間出來做釋放，然後再繼續其他行程，對你的進展會非常有助益。

四、每當被激起任何情緒或壓力大時，就進行釋放練習

意識到情緒起伏時，盡可能排除萬難去做釋放，如果讓無用能量繼續存在，只會讓狀況更糟而已。

五、設定一些你想實現的目標／願望，作為釋放的誘因

在初期，如果你能看到在釋放之後，大大小小的願望真的一一實現，會讓你產生更大的動力，願意再挑戰更大的願望／目標，也因而能釋放更多的無用能量。因此，建議設定一些你想實現的願望或目標，做為你持續釋放的誘因。

六、回顧這一天，然後進行無用能量的釋放

在一天結束之後，回顧這一天的進程，觀察內在對當天經歷的一切有沒有未在當下釋放掉的無用能量，然後釋放。

七、持續記錄自己的進展與成果

觀察自己的內外在世界，每天有什麼改變或進展，並把它記錄下來，這可能包括：

- ‧態度或行為方面的正面改變。
- ‧能更輕鬆且有效率地進行日常活動。
- ‧更有效率地溝通。
- ‧問題解決能力的提升。
- ‧對人事物更有彈性。
- ‧更輕鬆自信地採取行動。
- ‧實質成就。
- ‧得到的新覺悟與體認。
- ‧完成某些目標。
- ‧得到新契機。
- ‧獲得新能力或技巧。
- ‧正面能量（思想、信念、感受等）增加。

·負面能量（思想、信念、感受等）減少。

八、檢討改進

看看自己今天有沒有可以更覺察的地方，並提醒自己明天可以多注意哪些地方，藉此作為持續釋放無用能量的動力。

九、每天回顧「六步驟」

透過回顧六步驟，看看自己還有哪些地方需要加強，以及該如何加強。

十、如果在釋放時遇到困難，就到六步驟中尋找答案

結語：親愛的，保持簡單

> 這件事既單純又簡單……如果你肯真的去做的話；如果你不肯去做，那這件事就完全不可能做到。
>
> ——萊斯特·雷文森

你聽過「K.I.S.S.」原則嗎？原本的全文是「Keep it simple and stupid」，也就是「越單純，越笨越好」的意思。萊斯特·雷文森常提醒學生們一個「K.I.S.S.」原則，不過他把它改成了「Keep it simple, Sweetheart.」（親愛的，保持簡單）。

為什麼萊斯特·雷文森老師會三不五時提醒這一點呢？有幾個原因：

一、淺嚐輒止，不如一門深入

無論是任何學問或技能都一樣，你得要在一段時間之內只專注在一個方法上，一門深入，才能真正有所成就。

我常說：想像一下你是武俠小說裡的人物，如果你少林、武當、峨嵋等各門各派的武功一起練，會發生什麼事？除非你是武俠小說主角，是個不出世的武林奇才，要不然肯定是樣樣通，樣樣不精。

而且，如果學的功夫這麼雜，你下山要和人比武時，搞不好一時還不知道自己第一招該出哪一派的武功呢！

二、要成為心智的主人，而不是讓心智當家

在談心智的特性時，介紹過心智的「複雜化」這個傾向，將事情複雜化，為的是能繼續當家作主，以確保我們的安全與生存；而通常只要心智一把事情複雜化，我們就會被說服，不把一切放手交給我們的「真我」這部分，而讓「虛幻我」繼續掌控全局。

三、避免觀念衝突，導致能量虛耗

我自己曾經是一隻成功學方面的書蟲，只要是與「成功」兩字有關的書，無論是哪門、哪派，無論教的是哪種方法，我都會照單全收。

愛看書、愛學習，照理說該是一種優勢，然而，在我從財務深坑爬出的過程當中，我發現到的最大障礙是：我所學的太多、太雜，不但使得每一種方法都沒有足夠的時間深入研究與體悟，更導致內在有許多衝突；而且，由於可選擇的方法太多，有時反而無所適從。

所以，基於這些因素，如果你現在對這本書裡談的觀念與瑟多納釋放法有共鳴，那麼我會給你這樣的建議：設定一段時間（建議至少一年），在這段時間中「只」使用這套方法。

當設定的時間過去，你覺得它的效果到了瓶頸，這時再開始研究與學習其他方法。如此一方面可以避免複雜化，另一方面也才能對一套方法有足夠深入的瞭解與體認。

我看過很多學過瑟多納釋放法的朋友們，都只將瑟多納釋放法當作「眾多方法之一」，沒有在一段足夠的時間之內全心去研究，殊為可惜。

當然，在這段過程中，你的心智肯定會繼續試圖說服你：「這樣不夠啦！你還得要學這個和那個還有那個和這個，這樣才能因時制宜啊。」

這時，希望你能想起萊斯特老師的提醒：「親愛的，保持簡單。」（Keep it simple, sweetheart.）

就像穿著白衣服進到礦坑裡，衣服是一定會髒掉的。

如果你想要維持衣服乾淨，那麼只有一個方法，就是要常換洗。

同樣地，只要活在這個有形世界上，

無用能量就會持續地產生，而你所能做的就是持續地釋放，

一方面讓它沒有機會累積、另一方面也釋放掉過去人生中所累積的那些……

直到你成聖那一刻。

SEDONA METHOD

Part 4

常見問答集

常見問答集

Q1：操作釋放法時，要先感覺自己當下的感受，可是我問自己「我現在有什麼感受？」時，感覺不到什麼東西，怎麼辦？

A：一般來說，這種狀況特別容易發生在男性身上，一方面是因為本質上，男性跟「感受」之間通常隔了一層叫做「理性」的障礙；另一方面，則是我們的傳統文化除了並不鼓勵男性展現自己真實的感受之外，有很多教條甚至是在訓練男性遠離感受（例如「男兒有淚不輕彈」等等）。

也因此，我常說就釋放法而言，女性朋友其實是更佔優勢的。

不過如果你是女性，但也有「感覺不到自己的感受」的狀況，也不用覺得自己很奇怪，以我過去觀察研究的經驗來說，這通常是因為你過去基於某些原因，習慣性地壓抑自己的感受與情緒而造成。

我稱這種狀況為「壓抑過久造成的麻痺」。

碰到這種狀況時，不用太擔心，先知道有個好消息是：你並不是沒有感受，只是因為疏於練習「感覺你的感受」這件事，因而有點不上手而已；然後就放輕鬆一點，開始多練習「感覺你的感受」的功夫。

每當有閒暇時（例如在排隊、搭車、等人的時候），就問自己「我現在有什麼感受？」然後把注意力集中在胸口一帶，觀察自己這當下有什麼感受，看看有沒有悶悶的、緊緊的、卡卡的感覺（或是碰到好事時，那種麻麻癢癢的感覺）。

剛開始練習時，還不需要幫它貼上標籤，不需要去分析判斷那是屬於

哪一種感受、哪一種情緒狀態、哪一種基本欲望，甚至也還不需要作釋放
……。

在這個階段，你只要先練好「感覺自己當下的感受」的基本功就夠
了。

經過一段時間之後（通常很快），你跟自己的感受之間的連結就會重
新建立起來，感覺自己的感受就會變成是一件非常直覺的事情了。

P.S.當你因為一直感覺不到自己的感受而有點沮喪時，可以問自己：
「在這一刻，我能不能容許自己感覺不到自己的感受？」若你能回答
「Yes！」神奇的事情就會發生，試試看吧！

Q2：我在用「我能不能放手讓它離開？」、「我要不要放手讓它離開？」、「我什麼時候要放手讓它離開？」三個問句進行釋放時，一直感覺不到有釋放掉感受，怎麼辦？

A：如果你用釋放法這三個核心問句來作釋放，你的答案都是「能」、
「要」、「現在」，但卻沒有感覺到無用能量釋放掉，常見的原因有兩
個：

第一個原因是，我常會開玩笑說，很多人在回答這三個問題時，雖然
嘴裡回答「能」、「要」、「現在」，但事實上心裡面想的可能是「不
行」、「不要」、「下輩子吧！」

釋放法的這三個問句要發揮它們該有的強大功效，前提是你必須要**誠
實回答**；在你感覺著你的感受、問自己這當中任一個問句的時候，只要有
一丁點的遲疑或懷疑，就應該要誠實回答出否定的答案。

可以順帶一提的是，我常說這跟我們小時候接受到的訓練應該有直接

的關係：在學生時代，我們都被訓練成要盡可能回答標準答案，當你能正確地回答出每個問題應該要回答的答案時，就會得到一百分、蓋個乖寶寶的章。

這樣的習慣，被烙印在我們的潛意識裡，也讓我們無法誠實回答釋放法的這三個核心問句。

想想看是不是這樣？

「我能不能放手讓它離開？」這個問題的標準答案該是什麼？當然是「能」囉！

「我要不要放手讓它離開？」當然是「要」啊！

那「我什麼時候要放手讓它離開？」身為一個乖寶寶，自然是要答「現在！」這樣的答案。

問題是，你現在不是在學校，沒有人會給你考試、也沒有什麼成績或者「乖寶寶」印章可以追求……

你學釋放法是為了釋放內在的無用能量、解放你人生的煞車。

而要做到這一點，你必須要訓練自己做到一件很重要的事：從現在開始，不要再騙自己！

覺得目前放不掉，就說「現在不行」嘛！有什麼大不了的？

現在不想放掉，就回答「我不想放手」，又不會有誰對你怎樣！

如果現在放不掉，就回答「再看看吧」，反正那個無用能量已經卡在那裡這麼久了，有差這麼一點時間嗎？

記得：誠實回答就好。

不過有意思的是，如果你開始這樣做，開始誠實回答這些問題，你很快就會發現很神奇地，你的無用能量會在你回答「不行」、「不要」、「下輩子吧！」的過程中仍然開始消散……

而你的答案也會隨之改變，開始變成「大概可以吧……」、「我試試

看……」之類。

不管是哪一種無用能量，在不久之後，你都能發自內心地回答「能」、「要」與「現在」。

這是第一個常見的原因，而第二個常見的原因則是缺乏練習。

只要聽過我講釋放法這個主題的人都會注意到我常嘮叨一件事，那就是「釋放法是一套方法，方法是拿來用的，不是拿來聊的。」

而既然是方法，「熟能生巧」的道理自然也是適用於此。

根據經驗，要解決「感覺不到有釋放掉的感受」這個症狀，最簡單最直接的方式就是多練練書中提到的「氣球練習」或「開門練習」這兩個簡單方法，去抓住所謂「無用能量消散掉」的感覺是什麼。

坦白說，我用文字實在無法溝通那是什麼感受，因為根據經驗，我發現其實學習釋放法有點像學騎腳踏車一樣，別人可以在旁邊嚷嚷著「平衡！平衡！抓住那個平衡！」「左腳踩下去！換右腳踩下去！平衡！」

你心裡可能會嘀咕「我也知道要平衡，可是就平衡不了啊！」

不過，當你透過不斷練習，抓到他們口中的「平衡」是什麼的那一剎那，整件事都不一樣了；你突然聽得懂他們在講什麼、你知道他們指的東西是什麼，更重要的是，你抓住那個「平衡」了！

釋放法也是一樣，要抓住什麼叫做「釋放」不是一件用文字就能做到的事，你得要多練習才行。

好消息是，「釋放」的功夫跟騎腳踏車一樣，你一旦學會了，它就會跟著你一輩子，想忘也忘不掉。

Q3：我對一個主題進行釋放，本來覺得釋放掉了，可是過一陣子之後同樣的感受又跑出來，怎麼樣才能釋放乾淨？

A：有一句俗話說「斬草不除根，春風吹又生」。

如果你原本覺得已經釋放掉了，但一陣子之後回頭檢視，發現對同一件事情還是會有情緒感受，那只代表一件事：你內在還有對哪件事的無用能量存在。

而要怎樣才能「釋放乾淨」？

沒別的，解決方案就只有持續釋放而已。

在這邊要額外提醒的一點是，這樣的問題，會伴隨著另外一股無用能量，可能是懷疑（懷疑自己、懷疑釋放法等等）、可能是挫折……總之通常不會是什麼太正面的東西。

所以，在你要繼續釋放之前，最該先做的，就是先釋放因為「沒釋放乾淨」而激起的無用能量；我最建議的方式，就是「容許接納」。

持續問自己這個問題：「我能不能容許這件事情是這個樣子（沒釋放乾淨）？」直到胸口鬆開來，你真的覺得其實沒什麼大不了的為止。

然後，就再回頭針對原本的主題進行釋放，並且每隔一段時間重新檢視一次。

只要你願意這樣作，不用多久，就會發現不管是任何主題，你都一定可以「釋放乾淨」的。

Q4：釋放時需要配合呼吸嗎？

A：就釋放法本身來說，並沒有一定要搭配呼吸的規定。

　　不過，對一些人來說，在實務上可能會發現搭配呼吸有助於釋放。

　　以我自己而言，不管是在帶領學員朋友進行釋放、還是我自己要進行釋放的時候，都會以幾次的深呼吸來作為進入狀態的準備。

　　在開始操作釋放法之前，我會先坐定、放鬆肢體、然後慢慢閉上眼睛。

　　接著，我會慢慢地深吸一口氣，先把這口氣引導到腹部，讓肚子撐開脹起；然後，繼續吸氣，讓肺也充滿空氣，一直到無法再吸氣為止。

　　再來，我會慢慢吐氣，一邊吐氣一邊把身體往前傾，把體內的空氣吐乾淨、吐到我無法再吐為止。

　　再接下來，我會慢慢仰起身體，並隨著這個動作慢慢吸氣、把空氣引導到腹部、肺部，直到無法再吸氣為止。

　　除此之外，我也會在吸氣的同時，觀察身體還有哪些部位比較緊繃，並在吐氣時放鬆那些緊繃的部位。

　　我會重複這個動作幾次，到我覺得自己身體放鬆、心靜下來為止，才開始作我要做的釋放練習。

　　至於在做釋放練習時，我自己是不會特別搭配呼吸，不過基於「有用的就去用」的原則，如果你覺得搭配呼吸有助於你釋放無用能量，也並無不可就是了。

Q5：我已經知道釋放對我會有很大的好處，但總是提不起勁、養不成習慣，怎麼辦？

A：關於這個問題，我有好消息要告訴你，那就是：其實大多數人都跟你一樣。

　　更「好」的消息是，就算是對那些曾經深切感受過「釋放法」好處，

因為釋放了內在的煞車而實現了嚮往已久的願望、擺脫了人生困境、解開了綑綁自己已久的內在枷鎖……等等的人而言，也同樣有很大比例後來並沒有把「釋放」變成是一種習慣。

在我推廣釋放法的過程中，發現了一個很有趣的現象，那就是人們在學完釋放法之後會分成三個族群：

第一個族群的人是那種「好學生型」的，他們在上課時會認真學、下了課之後會認真練，自然也很快就會有進展與成果，從此之後自己就可以拿著「釋放法」這把關刀，在人生旅程中過關斬將。通常，除非碰到非常棘手的、他們一時之間打不過的「大魔王」，不然他們不太會再出現在我的課程活動中。

另外一個族群跟第一個族群剛好完全相反，他們屬於那種「打不贏，怪兵器不好」的人，他們學完釋放法之後，會在興頭上使用一陣子，但如果想要的奇蹟沒有很快發生的話，他們很快就會做出「釋放法根本沒用」的結論，然後再去看更多書、上更多課，找其他更「Bling Bling」的方法。

而第三個族群很有意思，他們會「間歇性」地出現，我會看到他們熱衷釋放法一段時間，再來他們會消失一段時間，但過一段時間之後他們又會出現再練起釋放法……

進一步了解之後，這個族群的人給我的「為什麼？」大概都是這樣：

「我之前有段時間很認真用釋放法，那段時間事情都蠻順的，可是後來，我就沒再繼續釋放了。這陣子碰到蠻多鳥事，想起來那段很順的時候應該是釋放法的關係，所以就想說再來複習一下釋放法。」

每當碰到這種case的時候，我總是會問：「所以你很喜歡坐雲霄飛車囉？」

大部分人都會回說：「沒有啊，我也不想要這樣。」

你呢？你喜歡雲霄飛車般的人生嗎？

別誤會，我並不是說人生像雲霄飛車就是「不好」，某個角度而言，那是一種挺精彩的人生，而有很多人其實有意或無意之間選擇了那樣的人生。

問題是，那是你要的人生經歷體驗嗎？

如果你認真問過自己這個問題，也認真地回答過這個問題，然後答案是「Yes！」那麼恭喜你，好好享受這段雲霄飛車吧！

但如果你的答案是「No！」、如果你已經知道，甚至已經親身體驗過經常釋放能為你帶來的好處、如果釋放無用能量之後的經歷體驗是你比較喜歡的……

那為什麼不持續釋放下去呢？為什麼嚐到一點點甜頭之後就縮手了呢？

再回到這個問題：「怎麼辦？」

在理想狀況下，應該道理說通了，我們就會乖乖去作那些我們知道對自己很有幫助的事情，但麻煩的是，我們也都知道事情好像總是沒有這麼美好。

就像我們都知道「少吃多動」對我們有幫助，但仍然不會去做一樣。

所以，怎麼辦？

基本上，要確保一個人去作該做的事，不外乎「鞭子」跟「胡蘿蔔」兩個方向。萊斯特在「六步驟」的第一步就提到了「胡蘿蔔」的概念，他說：

你想要解脫自在（或你的目標）的程度，必須高於你想要控制、想要被認可或想要安全的程度。

也就是說，如果沒有一個你更想要的東西在前面（不管那是達到解脫

自在的境界還是實現你的夢想／願望／目標），那「釋放」就不會發生，你會寧可繼續抓著無用能量不放，也不願意放手。

因此，要解決「提不起勁」的問題，最根本的方式就是找到能讓你提得起勁的「胡蘿蔔」，當那個誘因夠大的時候，你就會自然而然地願意養成釋放的習慣了。

另外一個我測試過，非常有助於解決這個問題的方式，就是把自己丟到一個有助於養成習慣的環境。

人是環境的產物，不管你認為自己有多能不受環境影響，事實是環境絕對能直接決定你的行為模式。（懷疑嗎？想想看，當你走進圖書館之後，你會不會自然地變得輕聲細語？）

所以，找一個對的環境把自己丟進去，或者如果你找不到需要的環境的話，自己創造一個這樣的環境，會是解決「提不起勁、養不成習慣」的最低阻力路徑。

比如說，你可以找找看有沒有其他人組成的定期釋放聚會可以參加，如果有，就加入他們並積極參與互動。

那如果不幸找不到這樣的團體呢？簡單，自己成立一個吧！

只要你有心，就一定會有出路。

Q6：我知道釋放法有很大的好處，也有心想要養成釋放的習慣，可是只要一作釋放就想睡覺怎麼辦？

A：我自己在剛開始學釋放法時，也常會碰到這種狀況，只要閉上眼睛，還沒問自己幾次「我現在有什麼感受？」、「我有沒有能力放手讓它離開？」、「我要不要放手讓它離開？」、「我什麼時候要放手讓它離開？」……總是很快就進入彌留狀態。

（P.S. 這也是我當時為什麼常開玩笑說我的「人生零阻力」課程有個主題曲是「半夢半醒之間」。）

回到主題：根據經驗，如果一釋放就想睡覺，常見的原因有兩個：

第一個常見原因，是這是你的潛意識基於某些不明的原因，在抗拒「釋放」這件事，而「想睡覺」則是這抗拒的具體展現。

碰到這種狀況時，你可以問自己：

「我在抗拒作釋放嗎？」

然後觀察內在有沒有什麼對應的感受，接著問自己：

「我能不能釋放掉這個抗拒？」

「我要不要釋放掉這個抗拒？」

「什麼時候？」

當你不再抗拒之後，所有因抗拒而起的症狀也都會自然消失。

至於另外一個常見的原因，就是……

你累了。

不，我沒有在開玩笑，在我的工作坊中我是真的會提醒學員這一點，我會告訴他們說：「如果睡著的話就睡吧！你的身體也許已經很久沒有好好睡一覺了。」

你也可以觀察看看是不是自己的身體需要休眠，如果是，就容許它好好睡一覺吧！睡飽了，再作釋放時自然就不會這麼容易想睡了。

Q7：我一直在練習釋放，但怎麼覺得總是釋放不完？

A：只要開過車、搭過車，應該都知道有個基本的物理現象叫做「慣性」：如果有部車以一百五十公里的時速由東往西行，這時如果要讓這部車掉頭、變成以一百五十公里由西往東走，在這個有形世界裡是無法立即

做到的。

你會需要先減速、停止、轉換方向、然後再加速。

同樣的，如果你在過去的人生中大多數時間都停留在如「悲苦」、「恐懼」之類的情緒狀態，要變成「無畏」、「接納」乃至於「平靜」，如果需要花一點功夫，應該也是合理的，不是嗎？

意識到這個事實、給自己多一點時間，很多時候慢慢來會是最快的方式。

除此之外，如果你有這個問題，而你對於釋放「基本欲望」層級的無用能量已經能上手，那麼你可以試著回答這個問題：

「對我而言，想要釋放完是想要安全、想要控制還是想要被認可？」

對大多數人而言，這源頭會是「想要控制」的基本欲望，希望作釋放就能感覺無用能量被釋放掉、希望能很快就把無用能量釋放完全。

你應該知道下一個問題我會問什麼了吧？

Bingo！就是：

「你能不能放手，讓這個想要控制的欲望離開？」

「你願不願意放手，讓這個想要控制的欲望離開？」

「你什麼時候要放手，讓這個想要控制的欲望離開？」

另外，如果你處在一直釋放卻都還是有東西可以釋放的狀態，那麼，你能不能容許自己是現在這個樣子？

試著問自己這個問題：「我能不能容許自己是現在是的樣子？（一直釋放卻釋放不完）」

多問自己幾次，直到你可以發自內心回答「可以」。

觀察一下，你覺得容許自己是現在這個樣子的時候，有沒有什麼不一樣？

當你想要完成一件事情但是沒有完成的時候，心理面可能會一直批判自己：「怎麼可以這樣！」、「為什麼會這樣？」

而當碰到這種狀況時，記得起手式就是「容許自己是現在是的樣子」。

我能不能容許自己釋放半天都沒釋放掉？

我能不能容許自己沒有答案？

我能不能容許自己這次忘記釋放？

……等等。

但是要知道，容許自己是現在是的樣子，並不代表以後就放著給它爛，我完全不是這個意思。

然而，你必須要先接受自己的現狀，才能清出一些內在的空間，也才有足夠的能量做出一些改變。

在放掉內在煞車的過程中，大多數人都無可避免地會碰到「卡住」的狀態，當你意識到自己也卡住的時候，記得問自己：

「我卡住了，那我能不能容許自己卡住？」

Q8：釋放時會有一些身體不舒服的感覺，怎麼辦？

A：這個問題跟「一釋放就想睡覺」的狀況類似，而常見的原因也一樣有兩個：

第一個原因，和想睡覺一樣，你身體的不適可能是源自於**你內在正在抗拒「釋放」這件事**，所以當你在進行釋放時有感覺到身體有任何不舒服時，同樣可以問自己：

「我在抗拒作釋放嗎？」

然後觀察內在有沒有什麼對應的感受，接著問自己：

「我能不能釋放掉這個抗拒？」

「我要不要釋放掉這個抗拒？」

「什麼時候？」

另外一個也非常好用的釋放抗拒方式則是容許接納，你也可以一併納入操作。

問自己：「我能不能容許我的身體有這個狀況（打嗝、酸痛……）？」

直到你可以百分之百回答「可以！」為止。

如果身體的不適是源自於抗拒，那麼當你釋放掉抗拒之後，所有因抗拒而起的症狀也都會自然消失。

第二種原因是**你的身體本身有些狀況，需要修復**。

很多人會誤以為是「因為我做了釋放，所以身體會出現這些不舒服。」但事實上可能是你的身體本來就有狀況但被壓抑住，而當你進行釋放時，一方面因為不再壓抑它，所以這些症狀會浮現出來；另方面也因為心比較靜的關係，對身體狀況的感知也特別明顯。

碰到這種狀況時，最快的方式就是尋求適當的醫療資源來修護你的身體。

我自己有段時間只要一坐下來進行釋放，很快就會進入「半夢半醒之間」的彌留狀態，幾乎沒辦法操作任何釋放練習。

我一直覺得很奇怪，但也不得其解。

一直到後來，在因緣際會之下碰到一位處理經絡的老師，才知道原來我的身體氣血嚴重堵塞，間接也影響到我靜坐的品質；而有趣的是，隨著身體狀態的改善，我釋放時的品質與效率也跟著提升。

所以，你釋放時的身體不適，也有可能是個信號，告訴你該去檢查與維修一下身體了，有感覺異常的話別放著不管，去找適當的專家來協助你

吧！

順帶一提，關於身體健康，曾經有人問我像這樣的問題：

「萊斯特不是光靠調整內在就完全逆轉自己的身體狀況嗎？那你為什麼不是叫我們用釋放法來解決所有身體狀況就好了？」

被問到這個問題時，我通常都會再說一次這個寓言故事：

有一位牧師，從年輕時就一直守著他的教堂。

有一天，外面下起傾盆大雨，釀成水災，雨水慢慢淹過稻田、淹過道路、淹進教堂裡。

牧師跪在教堂裡祈禱，懇求上帝保護他，救他脫離眼看就要來臨的水災。大水淹進教堂、淹過了地板、淹到牧師的腳。

這時，一個救生員划著小艇過來，跟牧師說：「快上來！牧師！大水快淹上來了！」

牧師搖搖頭說：「不行，我要守著教堂。沒關係，上帝會派天使來救我的！」

大水仍然一直往上升高，淹過了教堂的椅子，牧師只好站到桌子上。

這時，又一個救生員划著船過來，跟牧師說：「牧師！快！快！快上來！再不上來你會被淹死的！」 牧師還是搖搖頭說：「不行，我要守著教堂。沒關係，上帝會派天使來救我的！」

大雨仍然沒有停歇，水一直往上升，牧師從一個桌子爬到另一個更高的桌子，最後爬上了屋頂，坐在屋脊上，抱著教堂的十字架。

這時，一架直升機緩緩飛過來，救生員丟給牧師繩梯，要他握緊逃生。

他喊著說：「牧師！快上來呀！不然你會被淹死的。」

牧師仍然搖搖頭說：「不！我要守著教堂。沒關係，上帝會派天使來救我的！」

在大水不斷洶湧著襲擊大地後，牧師被淹死了。

牧師死後上了天堂，見到了上帝。

他埋怨地問：「上帝呀！您怎麼沒有派天使來救我呀？」上帝說；「怎麼沒有？我第一次派天使划著救生艇去接你，你不接受；我又派天使划一艘比較大的船去接你，你仍然不接受。最後，我再派天使駕著直升機去接你，你還是不接受。那就沒辦法了呀！」

Q9：我有運用釋放法來對我的願望作釋放，我覺得心裡已經沒什麼「煞車」了，可是到目前為止願望還是沒有實現，為什麼會這樣？

A：我經常會被現在仍在玩「心想事成」遊戲這個階段的朋友們問到這個問題。

如果要精準地回答這個問題，就得要先回頭再複習一下我們同時存在的兩個世界：「內在無形世界」與「外在有形世界」之間的關係。

不管你學習的是任何形而上學的派別，會發現當中告訴你的道理都一樣：

外在世界是「果」的世界，內在世界是「因」的世界；內在世界的一切思想感受，都會在外在世界中顯化為你經歷體驗的一切。

所以，如果你想要改變外在世界的任何事物，一直執著在外面的人、事、物，試圖直接去改變它，其實是倒果為因的作法，往往會耗費你很大的時間力氣，卻不會有理想的成果。

想要改變外在有形世界的一切，你真正該專注的，是「因」的世界那些看不見的東西，包括你的思想、感受、情緒、基本欲望……等等。

而當你在玩「心想事成」遊戲時，如果想玩得好，就得要先百分之百

接受兩個事實：

第一，就是像我在說明「萊斯特化」時提到的，「**在心智裡 hold 著你要的東西，你就一定會得到它。**」

第二個事實，則是如果你做到了第一件事，但想要顯化的東西仍然一直顯化不出來，那就表示**你心裡面一定還有「煞車」存在。**

不少學員朋友在聽到我的答案時會說：「可是我確定我沒有煞車了啊？」然後，我就會回答「但是你的願望還沒有顯化，那就表示一定還有煞車。」

有的時候「可是我確定我沒有煞車了啊？」、「但是願望沒有顯化，那就表示一定還有。」這個鬼打牆般的對話會重複幾次⋯⋯而聰明的你應該已經發現，只有在你能百分之百接受上面說的兩個事實時，才有辦法讓這鬼打牆般的對話停下來。

講到這裡，我得補充一件事：我完完全全不鼓勵盲目地相信任何事，我非常認同萊斯特說的：「不要聽什麼就信什麼，用你的親身經歷去驗證看看。」

但我要提醒：如果你抱持著想要證明這些事實是錯的的想法去「驗證」，那其實也不需要驗證了，你得到的結果一定是否定的。

OK，回到這個問題：對願望做了釋放、覺得沒有煞車了、但願望還沒實現，這時該怎麼辦？

答案是：肯定還有煞車，只是你還沒挖到它而已。

我常提醒讀者與學員朋友們一件事：在試圖釋放「煞車」時，我們會碰到的最大挑戰之一，在於有很多的「煞車」是藏在潛意識裡。

順便複習一下：所謂潛意識，就是在心智當中，「我們不知道自己在想什麼」的那部分；而也由於我們不知道自己在想些什麼，也因此經常根本不知道「煞車」的存在，自然也就無從處理它們。

　　這也是為什麼要釋放「煞車」的第一步，是必須要先看得到自己有哪些煞車存在（特別是潛意識當中的煞車）。

　　而如果你對願望做了釋放、覺得沒有煞車了、但願望還沒實現，那往往表示在你潛意識當中還有一些與願望不一致的無用能量在，只要找到它、釋放掉它，通常很快就會看見願望的實現有所進展。

　　要做到這一點（挖出潛意識裡的「煞車」），我會最推薦的工具就是第172頁的「拉力／抗力」練習，只要你願意投資足夠的時間，不斷問自己「喜歡／不喜歡」「好處／缺點」等問題，不用多久就能讓潛意識當中的無用能量浮現出來……

　　而當你看得見的時候，要釋放它就不是太困難的事了。

　　理論說明就先到此打住，為了不讓你覺得自己好像要盲目相信這個作法有用，我講個實際的案例給你聽，讓你增加點信心：

　　那是我第一次舉辦「釋放法」課程的時候。

　　在那之前，我研究與實際應用「釋放法」已經一段時間，有機會時也跟一些朋友們分享我的心得體驗，而他們在聽到並嘗試釋放之後，也都一致地回饋說這真是一套非常好用的工具。

　　這給了我不少信心，而基於「好東西要跟更多好朋友們分享」的想法，我在三芝找了個民宿、邀請了幾個聽過我分享釋放法的朋友，辦了第一場兩天一夜的「人生零阻力」課程。

　　在第一天晚上，我帶參加的朋友們操作了「拉力／抗力」練習，要他們針對自己接下來的目標或願望，挖一挖潛意識裡有沒有什麼煞車存在。

　　練習幾分鐘之後，我問他們有沒有什麼心得體會，這時其中一位在染髮界屬於達人級的大姊舉手說：

　　「我原本寫下的願望是想要有更高的收入……可是我剛才發現我其實不想要賺更多錢。」

「Good！你發現了什麼？」我問。

她開始簡單描述自己狀況：

她說，她個人的收入一直都不低，「賺錢」對她而言其實一直以來都不是什麼太困難的事，只是因為夫家那邊的兄弟姊妹三不五時會出一些狀況需要金援，而她與他先生則總是提供支援的那一方。

「我剛發現潛意識裡其實有個煞車……」她說：「就是我有個念頭是『賺這麼多錢幹嘛，最後還不是都給別人花掉？』」

她停頓一下，接著說：「我蠻驚訝的，從來沒發現過自己有這種想法。」

我告訴她，這其實是非常好的消息，因為看到了就有得處理；我也引導她延伸這個發現，發掘一下自己對於夫家的兄弟姊妹有沒有什麼值得釋放掉的無用能量，然後一併釋放掉。

隔天下課後，我順路載幾位同學去搭捷運，路上聊著聊著，她的電話響了。

幾分鐘後，她掛了電話，探頭往前坐，跟我說：「老師，謝謝你。」

「謝什麼？」

她說，那是她過去在美髮課程部分的合作夥伴，之前因為一些小麻煩而有可能無法再繼續合作下去，而如果少了這個合作的話，她的課程會一下子少很多，自然對她的收入有蠻大的負面影響。

「剛才他打來是說還是想繼續合作下去，這樣的話，我的課已經可以排到明年中了；沒想到這麼快我的願望就有進展了，謝謝老師。」

我說：「謝你自己吧！我什麼也沒做啊！」

我為什麼會這麼說？可不是因為矯情不居功，而是因為課程第二天早上，我七點起床下樓用餐時，就已經看到她坐在露台上、旁邊放著課程講義、一副已經在哪裡做功課練釋放很久了的樣子。

　　對於像她這樣百分之百實踐「聽話照作」的模範生而言，能這麼快就顯化她的願望，可是一點也不令人意外呀！

　　結論：回頭挖一挖你的潛意識當中還有什麼煞車存在，然後釋放掉吧！

Q10：如果只要碰到某個人，我就會浮現不舒服的感受，這時要如何釋放？

A：當你想要針對某個特定對象，釋放因他／她激起的無用能量時，「釋放法」中的「內在清理程序」會是非常好用的工具，你可以參考本書第116頁，裡面有詳細的說明。

　　除此之外，依據我個人經驗，當你操作釋放法已經上手之後，就可以使用另一個更精簡的作法，以我來說，就是直接問自己這個問題：

　　「我能不能容許他是他現在是的樣子？（不管他現在是什麼樣子。）」

　　一般來說，如果你想要釋放的對象目前會激起你蠻大的情緒，或者這個狀況已經很久了，那麼要回答「可以」可能不是這麼容易。

　　但是，只要你持續問自己這個問題、誠實回答、然後在過程中不斷釋放掉湧出來的無用能量，就會發現那股能量開始鬆動，而你的答案可能會從「沒辦法」變成「可能可以吧……」，再變成「我試試看」……

　　最後，你會回答「可以」。

　　而那時，你會發現自己的心又更自由了一些，也再次取回一些過去壓抑過的能量，可以用來創造你想要的世界。

　　以我自己的親身經歷來說，這個對象是我父親。

　　我父親在年輕時有段時間很「匪類」。雖然那時我還小，但其實都看

在眼裡；我很清楚，我是我娘養大的。雖然如此，因為我從小大多數時間都是跟阿公在一起，而我阿公又是個各方面都非常優秀的好榜樣；在耳濡目染之下，我成長過程中很少和我父親互動，也不太會聽他的話。

我父親脾氣不是很好，而當他發脾氣時，我雖然時候心裡會有小聲音說：「你憑什麼這樣和我講話？」不過，我還是不會和他大小聲⋯⋯但那也只是因為他是我父親而已。

這種狀況持續到我當完兵退伍之後，才有了改變。那時我正在學習NLP神經語言學的相關教材，我在當中偶然看到一句話：

「人在每個當下都盡力了。」

這句話讓我思考了很久。

我父親年輕時「匪類」的戰績之一是因為賭博輸錢，我娘為了幫他處理賭債而把外公買給他的一間房子賣掉。對我而言，成長過程當然也會有像是「要不是你，我現在就⋯⋯」之類的小聲音，然而，在我看到「人在每個當下都盡力了」這句話之後，我開始想一個問題——沒有人會故意搞砸自己的人生。沒有人明明知道怎麼做比較好，卻偏要去走另一條會搞砸的路。就算是一個客觀標準上百分之百的渾蛋，也不會是從小就立志要當一個混蛋。

我開始想一個問題：「如果每個人在那當下都盡力了，那也許我爸也盡力了？」

也許對他來說，他也希望能讓我們有好日子過，但是當他發現他走偏了，唯一能讓他翻身的方式，是走更偏去翻本？

也許他的脾氣是在掩蓋對自己的愧疚、對自己的不認可？

因為從小跟父親的關係就沒這麼緊密，所以我這些想法只停留在心裡，沒有去驗證過；然而，當我開始開放「他也許已經盡力了」的可能性之後，很快的，心裡空間就出來了。

那時我沒有和父母住在一起，只是偶爾會回家吃個飯。我發現，當心裡的空間出來之後，當父親問：「吃飽沒？」之後，我除了「嗯」之外，也開始會多回他幾句話。

不久之後，我們開始能一起坐在電視機前面，邊吃飯邊聊天。

而一切的起點是，我開始有了那個「也許每個人都盡力了」的認知，進而接受我父親「是」的樣子。

舉這個例子的一個重點是，除了「釋放」之外，有很多時候像「每個人在每個當下都盡力了」的這種觀念上的理解與認知，對於你要達到釋放的目標也會很有幫助。

另外一點是，在針對「人」作釋放的時候，千萬別忘了你的目標是什麼。你是要爭個是非對錯？還是想要有和諧的關係或者心靈的平靜？

我父親是一個性格上就屬於我不太受得了的那種類型的人，但就算我要他改變，也得他自己願意改變才行。

但是，如果我堅持：「如果你繼續這麼固執，我就不要和你有好的關係！」「如果你講話繼續這麼大聲不輕聲細語，我就不和你講話！」對於關係的和諧、心靈的平靜、乃至於最重要的目標：快樂，會有任何幫助嗎？

當你因為某個人而湧起任何無用能量時，別忘了停下來、回想一下你真正想要的是什麼。然後，用各種方式來調整自己，讓自己在回答「我能不能容許他是他所是的樣子？」的時候，能回答：

「可以！」

在你能百分之百地回答出這個答案的當下，你一定會感覺到自己身上的枷鎖又少了一個。

Q11：我想要去做自己想做的事，但是又怕別人覺得我自私，要怎麼釋放？

A：像這樣的狀況，通常表示你的心智裡有個類似像這樣的信念：

「如果我做我自己，會有人不高興。」

「如果我不考慮其他人的看法，他們可能會不喜歡我。」

……等等。

你可以發掘一下自己內心有沒有這類的信念存在，而當你找到之後，把它記錄在你的釋放筆記本上，然後問自己：

「也許我這個想法是對的，但我能不能容許這件事有其他可能性？」

然後釋放任何湧出的無用能量。

到你能回答「可以」時，就接著問自己：「那有哪些可能性？」並且把你的答案都寫下來。

比如說，也許真的沒錯，會有人因為你作自己而不高興、不認同你，但是……

有沒有可能當你做你自己的時候，才是對這個世界最大的貢獻！？

寫下所有可能的答案，然後問自己，從現在開始要改成相信哪個信念。

記得，沒有人拿槍逼著你說：「你從現在開始要相信做自己就會有人受傷，你只能相信這個，否則我一槍斃了你！」是你自己選擇要相信什麼。

問題是，從現在開始你要相信哪一個？

除此之外，有一個值得拿來提醒自己的事實是：「在這個有形世界，不管你怎麼作，都會有人不喜歡你」。由於這個事實太重要，所以我要再提醒一次：

不管你怎麼做，都會有人不喜歡你。

亞里斯多德曾說：「如果你不想被批評的話，那就什麼都別說、什麼都別作，也別讓自己是號人物。」

但是事實是，即便你什麼都不說、什麼都不做、也讓自己超級平凡低調……

仍然會有人對你有意見。（他們的意見會是「你怎麼什麼都不說？」、「你怎麼什麼都不做？」、「你怎麼這麼沒企圖心」之類的。）

試著跟你自己過去的人生經驗連結，檢驗看看這是不是個顛撲不滅的真理？

那，有什麼理由讓你選擇不去做自己想做的事呢？

Q12：我試著用高階釋放法來針對基本欲望進行釋放，可是總是覺得沒有釋放掉的感覺，該怎麼辦？

A：碰到這種狀況的時候，請記得「什麼有用就用什麼」的原則。在釋放法中，並沒有用高階釋放（也就是針對基本欲望作釋放）就比中低階釋放（針對感受與情緒狀態）作釋放來得「好」這回事。

當然，就像前面內容提到的，針對基本欲望作釋放就像砍樹幹（釋放「想要控制」與「想要被認可」）或挖樹根（釋放「想要安全」），只要你能釋放一些些基本欲望，就能帶走很多情緒狀態、就能帶走更多感受。

不過前提是要真的有無用能量被釋放掉。

所以，如果你用高階的釋放方式，但卻一直沒有感覺到有東西釋放掉，那最明智的作法就是先改用中階釋放法，針對情緒狀態釋放看看；如果有感覺，就繼續用，如果還是沒感覺，那就再改為低階釋放法，針對感受作釋放。

如果一時之間還是沒有辦法掌握什麼叫做「有釋放掉」的感覺，那麼就可以由思想的層級開始。

一般來說，在釋放的過程，我不太會建議針對思想層級來釋放，這是因為我們的思想實在太多，有時候連自己在想什麼都不知道；不過，我也確實碰過一些在初學釋放法時，甚至無法辨識自己感受的學員朋友（通常是男性），而我發現對他們而言，先從思想層級開始練習釋放，是個非常好的入門方式。

總之，先從能掌握的層級開始，先抓到什麼是「有釋放到」，什麼是「沒釋放到」，什麼是用腦，什麼是和情緒感受連結，之後再往更高層級的釋放挑戰，試著從情緒狀態或基本欲望層級去進行釋放。

Q13：我釋放了一段時間之後，發現以前我是好好先生，最近卻變得好容易生氣，怎麼會這樣？

A：這很有可能其實是好現象。對很多人而言，扮演「好好先生／小姐」的角色，代價往往都是壓抑了很多，表面上看起來情緒很平穩，但其實不斷在累積無用能量。

平常沒事，但當到了臨界點、進而爆發的那時，往往都是更嚴重的結果。

回想一下，當你在報紙社會版看到凶殺案時，是不是常常會看到殺人兇手的親友受訪時說這類的話：「完全沒想到他會做這樣的事，他平常人很Nice的啊！」

現在你應該能了解，很可能就是因為平常壓抑了太多無用能量卻又不知如何處理，而「殺人」就成了那股能量暴發出來的時候的顯化結果。

另外，關於「長期壓抑無用能量」，一個常見的顯化方式就是疾病，

我觀察過不少案例，他們都不抽煙、不喝酒、不熬夜、飲食均衡、固定都有在運動，然而後來還是得了癌症之類的疾病……

特別的一點是，我發現這些案例有個共通點，就是他們性格上都屬於有什麼壓力自己扛、有心事不會說出來、有眼淚總往肚裡吞的那種人。

簡單講，就是他們都長期習慣壓抑內在的無用能量。

所以，如果你之前的好脾氣其實只是因為你習慣壓抑，那麼現在的「脾氣變差」反而是個好現象，因為你已經至少開始從壓抑走向發洩。這就像在台灣，如果偶爾地震一下，其實是好的，那叫做「正常的能量釋放」，反而如果很久沒有地震，我們還會更擔心，怕接下來會有大地震來臨。

不過雖然如此，可別到這裡就只留下一個「我脾氣變差沒關係」的結論啊！

在前面的「處理感受的四種方式」中，你已經知道「發洩」雖然比「壓抑」好一些，但是因為會有個承接能量的對象存在，而在作用力等於反作用力的定律下，不管怎樣最後那股能量都還是會回到你自己身上。

所以，你現在的方針就是帶著上面這些認知，繼續進行釋放。

比如說，我自己過去碰到類似狀況時，是這麼做的：

當我意識到自己在發脾氣、或者快要發脾氣時，就會問自己：「我現在是在哪個情緒狀態？是萬念俱灰、悲苦、恐懼、貪求、憤怒、自尊自傲？還是無畏、接納、平靜？」

我的答案可能是「憤怒」。

接下來，我會問自己：「我怎麼會有這麼多憤怒？」、「是什麼激起我這個情緒？」、「是哪個點，激起我的想要安全、想要被認可、或者想要控制？」

一陣子之後，我通常都會看到這憤怒的起點在哪裡，而有趣的是，一

旦看到那個根源，憤怒的能量也就跟著消散了。

所以，如果你現在的基準情緒狀態已經隨著不斷釋放而提升到「憤怒」，第一件事是要認知到這可能是很大的進步，值得因此先給自己一些認可；再來，就是當你意識到有憤怒的能量在那邊的時候，就要趕快做釋放，也順便找一找在其中有沒有什麼共通點，找一找你的「地雷」是什麼……

然後也把它釋放掉。

你會發現自己又往前邁進了一大步。

Q14：要釋放多久才能完全沒有負面情緒？

A：其實也可以把它做釋放的這個過程，看成是一個旅程，或是遊戲，有沒有可能有一天就完全沒有無用能量了？也許那是一個最終的狀態，基本上到那個狀態，也差不多「回去」了。所以把這個過程當成是一個旅程，而不是一個目標會比較適合。

我常說，世界上只有兩種人會完全沒有負面情緒，一種是「聖人」、一種是「死人」。

所以，第一個非常有價值的認知是：

如果你還沒死、也還沒成聖，那麼你有負面情緒是正常的。

就像雖然我學釋放法、用釋放法、練釋放法，但我到現在仍然偶爾會有負面情緒；而如果我去否認這點時，反而會進入一種偽裝。比較好的方式，是專注在正確的事情上面，當你意識到有負面情緒浮現出來的時候，就把它釋放掉就行了。不需要為了呈現自己好像修得很好的樣子，而偽裝自己沒有負面情緒，那樣作，只會導致很多更麻煩的事情發生而已。

另一方面來說，在你還沒成聖之前，只要你活在這個有形世界上，就

會不斷有無用能量產生。

我的一位好友跟我分享過一個非常好的類比：這就像穿著白衣服進到煤礦坑裡，你衣服是一定會髒掉的；而如果你想要維持衣服乾淨，那只有一個方法，就是要常換洗。

同樣的，只要活在這個有形世界上，無用能量都會持續產生，而你能做的就是持續釋放，一方面讓它沒有機會累積、另方面也釋放掉過去人生中累積的那些……直到你成聖那一刻。

對我而言，我的期望是在這個肉體使用年限結束之前，可以到那個狀態，然後就不要再回到地球了。

也許你也可以設定同樣的目標與期望。

Q15：我覺得「釋放法」可以幫助我的（家人、朋友、愛人、孩子、主管、部屬……），他們真的蠻需要釋放的，要怎麼樣讓他們也願意學釋放法？

A：關於這個問題，第一個值得你往內探索的，就是為什麼你會覺得他們需要釋放法的幫助？為什麼會覺得他們需要釋放？那是來自想要安全、想要控制、還是想要被認可／被愛？

你會有你自己的答案。

先闔上書，進行一下釋放，然後再接著看我的回答。

關於分享「釋放法」給其他人，有一個基本認知是這樣：其實沒有人想要「學釋放法」。

很少人是為了學習而學習，把學習本身當作目的；我們之所以會想學習新事物或是嘗試新的東西，通常都是為了解決問題。

所以，如果你身邊有人狀況真的不是很好，而你覺得「釋放法」對他

們有幫助，那麼可以問對方：

「你有沒有想解決這個問題？還是你覺得就這樣下去也沒關係？」

什麼太忙、太累、沒錢、沒時間，其實都只是藉口而已。因為當人真的到了受不了的極限，時間一定抽的出來、錢一定籌得到、忙跟累都不會是問題。

所以，真正的問題在於對方有沒有想要解決他／她碰到的挑戰。

在我要跟人分享包括「釋放法」的任何解決方案之前，我都會先確定這件事情，確認對方有夠強烈的意願要解決這個問題，強烈到願意去做他／她原本不願意去做、甚至是原本不認同的事情。

如果答案是否定的，那我可能就只會貼個網頁、或者轉貼幾篇文章給她看一看，等到有緣的時候再來談。

反過來說，如果對方願意作些不一樣的嘗試來突破現狀，那我就會進一步跟他介紹「釋放法」，甚至當場帶他先作最簡單的釋放練習，讓他快速地嚐到「釋放法」的好處。

用這樣的作法，就不需要去「推銷」釋放法，一直想去介紹瑟多納釋放法多好、多有用，只是讓對方知道世界上有這個隨時可用、隨處可用、單純、簡單又非常有效率的內在工具存在，而他／她碰到的狀況，是可以用這個工具來處理的。

至於他／她用不用……

記得，每個人的人生劇本都不一樣，如果你介紹了「釋放法」，對方馬上就接受了，而且有很好的成效，那是因為他的劇本裡面有這一段、而且你在裡面有嘎了一角；反過來說，如果對方不置可否甚至嗤之以鼻，也不過是因為他的劇本裡，這時機還沒到罷了。

不管是哪個狀況，都沒什麼大不了的。

另外，在你作所謂的「協助別人」時，有兩個東西是值得特別注意、

並且在發現時就馬上釋放掉的：

第一是希望對方能聽我的。這種欲望是來自於「想要控制」。不管是因為你想協助的對象不肯接受、還是你教了誰釋放法但他都沒在用……等等狀況激起的無用能量，都值得你當下意識到這都是來自「想要控制」，然後即刻釋放掉。

另外一個，則是當你想協助的對象聽了你的勸、照著你的建議去做、甚至去做之後真的得到改變然後視你為再造恩人……

這時，你心裡面可能產生一種雀躍感，這種感覺往往是來自「想要被認可」，雖然感覺很棒，但同樣值得把它釋放掉。

如此，我們才能邁向「作該做的事，但不執著於結果。」的這個境界。

Q16：我持續運用釋放法已經一段時間，開始覺得很多事情我都不太在意了，這樣下去會不會到最後變成對所有事情都漠不關心？

A：持續釋放一段時間之後，你確實會發現自己對很多事情變得不那麼的在意，好像對很多事越來越不關心，然後開始擔心自己這樣會不會有點冷漠？

關於這個問題首先，要意識到這個想法本身就是來自「想要被認可」，但事實上這是一個進程，而你走在正確的方向上。

至於會不會到最後對所有事情漠不關心？答案是：不會。

這就好比看電影，我們知道電影裡的一切都是假的，但是還是很享受看電影。

所以，當你發現自己開始對一些事情漠不關心，不要因為這樣就害怕

而停止釋放，反而要知道這是個好消息，以此成為繼續釋放的動力。

然後，到了沒人說得準的某一刻，你會發現，其實這整個人生都和看電影一樣：看到精彩的電影時，你會很享受在其中，但你知道它終究不是真的。

持續釋放，你會意識到人生就是一場電影，它並不真實，而你知道當「散場」時刻來臨時，一切都會消失……

然而，你會因此而更珍惜這部「人生電影」的放映時間，活在當下、享受每個時刻。

※立即掃描「瑟多納釋放法12講」，
就能複習耀仁老師親自帶領學員們實作的三個月釋放團練。

YOUTUBE→http://bit.ly/sedonav

漂浮舒緩館

台灣首家引進死海無重力漂浮，消除電磁波，迅速拋開工作的壓力釋放多餘的負擔！不需要特別的技巧或是技術，只要簡單的躺下藉由"漂浮舒緩"就可以自然調整一切，將你身體的壓力完全釋放出來。

得到全新的自己

無需到死海就可以享受一切·

不可思議的好處及無重力感受！

漂浮對身體的好處

排除 乳酸堆積、酒後宿醉、水腫、人體毒素
增加 心血管功能、集中力、（改善）睡眠品質
加強 免疫系統、頭腦靈活度、自信心及存在感
調整 脊椎骨架、新陳代謝、五十肩、時差

歐美漂浮箱與價位說明

60min　　NT$1,000（限首次體驗）
60min　　NT$1,200
90min　　NT$1,700
120min　　NT$2,100
【限單人使用】

漂浮初階專案 10hr → NT$10,000 →

● 可分次使用
● 漂浮導師量身規劃漂浮歷程
● 成為班傑漂浮之友 VIP，參與專屬活動
● 親筆簽名 "班傑的奇幻漂浮" 書乙本

立即預約

http://bit.ly/FT-ZERO　　　YouTube 漂浮殿堂班傑 🔍

為什麼別人能靠吸引力法則賺進三千萬、甚至更多？
而我卻只能吸引小東西呢？
你該知道哪個祕密，才能成為財富磁鐵呢？

「為什麼吸引力法則沒有用？」

「要一直觀想自己想要的東西，還得時刻注意不能有負面的想法或情緒，好累哦？」

「這件好事是我吸引來的，但那件倒楣的事怎麼會發生在我身上？」

當被問到這些問題，我總得想辦法去解釋。

光是看完《祕密》的影片、看完《祕密》的書，是不夠的！

沒有人使用「吸引力法則」的成功率是 100% 的。

身為「祕密教」的忠實傳道者和《祕密》系列的譯者，在一路翻譯的這幾年間，
我發現一件很有意思的事：

心 想 事 成 和 你 想 的 不 一 樣 ！

還好，我很幸運，不久之後就找到祕密關鍵，

將七年的菁華整理在《28 天啟動你的夢想原動力》連續 4 週共 28 天的影片中。

按此訂購：bit.ly/sedona28，你會知道那「祕密關鍵」是什麼，

以及一個讓你也能做到同樣的事的機會。

免費訂閱「啟動夢想吸引力 王莉莉Shila」頻道：

bit.ly/loasedona

就能第一時間接收到我最新提供的吸引力法則＆釋放
法相關影片。（ex: 我如何透過這兩個方法，買到夢想
中的房子）

f 王莉莉 Shila – 啟動你的夢想吸引力 　　　　　🔍

靜心魔法能量噴霧

—國際芳療師協會 IFA 認證專業精油治療師獨門配方

想要釋放，卻連心都靜不下來？

總是要花很多時間或很大的力氣，
才能把心靜下來？

常常覺得很亂、很煩，
心靜不下來，什麼事也做不了，
只能空耗自己的寶貴時間及能量？

靈光一閃的 good idea 及
智慧總是出現在心靜時！
但我就是很難把心靜下來，
怎麼辦？

(50ml)

fruit of life

靜心魔法能量噴霧運用可協助情緒及神經穩定的有機芳療級精油（零香精、零塑化劑定香劑、零人工合成化學添加），讓你隨時隨地，透過嗅吸精油芳香分子，輕鬆快速地把心靜下來。

瓶身設計特別選用帶有無限能量的神聖幾何——「生命之果」（fruit of life）加持，生命之果象徵宇宙無限的創造力，運用生命之果的創造力，讓你靜下心來，把你心中想實現的願望創造出來！

http://bit.ly/mind-calming0 特別提供零阻力讀者僅有的優惠價

國際認證 IFA 專業精油治療師　陳芷苓 Letitia - 蕾特莎

2016
世界華人八大明師會台北

大眾創業・萬眾創新
創新引領未來・創業改變生活・創富成就夢想！

From ZERO to HERO 先學這些吧！

創新是由 0 到 1，創業則是將其擴展到 N。大會邀請各界理論與實務兼備並有實際績效之**林偉賢、王擎天、林裕峯**等八大明師，針對本次大會貢獻出符合主題的專才，由國際級大師傳授成功核心關鍵，創業巧門與商業獲利模式，落地實戰，掌握眾籌與新法營銷，強調行動學習和實戰學習，提攜年輕的創業者們，共演創富故事，不只是分享輝煌的成功經驗，而是要教你成功創業，並且真正賺到大錢！

成功核心關鍵 ✕ 創業巧門 ✕ 商業獲利模式
助您開通財富大門，站上世界舞台！

想賺大錢，先來翻轉你的腦袋！

立即
報名

2016 世界華人八大明師【台北場】
日期：**2016/6/18**（六）～**6/19**（日）
地點：台北矽谷國際會議中心（捷運大坪林站）
　　　新北市新店區北新路三段 223 號
票價：原價 29800 元，推廣特價 **9,800** 元

內容與講師介紹請上官網查詢

「眾籌」成潮，
眾籌將是您實踐夢想的舞台！

勢不可擋的眾籌（
Crowd funding）創業趨
勢近年火到不行，獨立創
業者以小搏大，小企業家、
藝術家或個人對公眾展示他們的
創意，爭取大家的關注和支持，進
而獲得所需的資金援助。相對於傳統
的融資方式，眾籌更為開放，門檻低、
提案類型多元、資金來源廣泛的特性，為
更多小本經營或創作者提供了無限的可能，
籌錢籌人籌智籌資源籌……，無所不籌。且
讓眾籌幫您圓夢吧！

☑ 終極的商業模式為何？
☑ 借力的最高境界又是什麼？
☑ 如何解決創業跟經營事業的一切問題？
☑ 網路問世以來最偉大的應用是什麼？

以上答案都將在王擎天博士的「眾籌」課程中一一揭曉。教練的級別決定了選手的成敗！在大陸被譽為兩岸培訓界眾籌第一高手的王擎天博士，已在中國大陸北京、上海、廣州、深圳開出眾籌落地班計12梯次，班班爆滿！一位難求！現在終於要在台灣開課了！！

課程時間 2016年5/21～5/22（王道增智會執行副會長威廉老師主持主辦）
2016年8/6～8/7（每日09：00～18：00於中和采舍總部3樓NC上課）

課程費用 ~~29800~~元，本班優惠價19800元，含個別諮詢輔導費用。

課程官網 新絲路網路書店 www.silkbook.com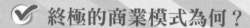

二天完整課程，手把手教會您眾籌全部的技巧與眉角，課後立刻實做，立馬見效。

國家圖書館出版品預行編目資料

揮別卡關人生／許耀仁 著. -- 新北市：零阻力出版，／
采舍國際有限公司發行 2016.05
面；　公分.

ISBN 978-986-271-680-9(平裝)

1.自我實現

177.2　　　　　　　　　　　105002677

揮別卡關人生

本書採減碳印製流程
並使用優質中性紙
（Acid & Alkali Free）
最符環保需求。

作者／許耀仁
聯合總監／許耀仁、王擎天
企畫主編／王莉莉
文字編輯／馬加玲　　　　　　　　　　　美術編輯／蔡億盈
文字整理／王瑞年、朱凱臨、林佩璇、王志豪

郵撥帳號／50017206 采舍國際有限公司（郵撥購買，請另付一成郵資）
台灣出版中心／新北市中和區中山路2段366巷10號10樓
電話／（02）2248-7896　　　　　　　　傳真／（02）2248-7758
ISBN／978-986-271-680-9
出版日期／2016年5月

全球華文市場總代理／采舍國際有限公司
地址／新北市中和區中山路2段366巷10號3樓
電話／（02）8245-8786　　　　　　　　傳真／（02）8245-8718

全系列書系特約展示
新絲路網路書店
地址／新北市中和區中山路2段366巷10號10樓
電話／（02）8245-9896
網址／www.silkbook.com

本書於兩岸之行銷（營銷）活動悉由采舍國際公司圖書行銷部規畫執行。

線上總代理 ■ 全球華文聯合出版平台　www.book4u.com.tw
主題討論區 ■ http://www.silkbook.com/bookclub　　　　　◎ 新絲路讀書會
紙本書平台 ■ http://www.silkbook.com　　　　　　　　　◎ 新絲路網路書店
電子書平台 ■ http://www.book4u.com.tw　　　　　　　　◎ 華文電子書中心

華文自資出版平台　　　全球最大的華文自費出版集團
www.book4u.com.tw　　　專業客製化自助出版‧發行通路全國最強！
elsa@mail.book4u.com.tw
chialingma@mail.book4u.com.tw

零阻力
Zero-Resistance Group

排除生命的各種阻力·活出 100% 的精彩人生

零阻力
Zero-Resistance Group

排除生命的各種阻力‧活出 100% 的精彩人生

零阻力
Zero-Resistance Group

排除生命的各種阻力‧活出 100% 的精彩人生

零阻力
Zero-Resistance Group

排除生命的各種阻力·活出 100% 的精彩人生